HEYNE FILMBIBLIOTHEK

Meinolf Zurhorst

RICHARD GERE

Seine Filme – sein Leben

Originalausgabe

WILHELM HEYNE VERLAG
MÜNCHEN

HEYNE FILMBIBLIOTHEK
Nr. 32/180

Herausgeber: Bernhard Matt

BILDNACHWEIS

Archiv des Verlags 2, 79, 81, 85, 166, 167; Archiv Dr. Karkosch 7, 61, 65, 189; Archiv Heiko Blum 28, 29; Archiv Meinolf Zurhorst 6, 12, 111, 157, 159, 161, 171, 216; Bildarchiv Engelmeier 24, 40, 42, 67, 170, 177; Bilderdienst Süddeutscher Verlag/dpa 23; Bilderdienst Süddeutscher Verlag/AFP 71; Bilderdienst Süddeutscher Verlag/amw 15; Bilderdienst Süddeutscher Verlag/Karlheinz Egginger 136; Film-Archiv Lothar R. Just 9, 11, 33, 43, 47, 49, 51, 55, 57, 75, 77, 83, 89, 93, 97, 101, 103, 105, 107, 109, 112, 113, 115, 117, 119, 122, 123, 125, 127, 129, 133, 135, 139, 141, 143, 145, 148, 149, 151, 153, 155, 162, 165, 183, 187, 193, 195, 196, 197, 199, 201, 203, 205, 207, 209, 212, 213; Interfoto 37, 173, 175, 180; Pandis Media/Angeli 19; Privates Archiv f. Filmkunde 181.

Copyright © 1993 by Wilhelm Heyne Verlag GmbH & Co. KG, München
Printed in Germany 1993
Umschlagfoto: Bildarchiv Engelmeier, München
Rückseitenfoto: Deutsche Presse Agentur, München
Innenbilder: siehe Bildnachweis
Umschlaggestaltung: Atelier Ingrid Schütz, München
Herstellung: H+G Lidl
Satz: Satz & Repro Grieb, München
Druck und Bindung: Ebner Ulm

ISBN 3-453-05976-X

Inhalt

Der Gere-Appeal
7

Von der Provinz in die Großstadt
13

Aufenthalt am Rande
27

Endlich im Mittelpunkt
74

Schattenspiele
100

Rückkehr zur Mitte
138

Kommentierte Filmographie
179

Bibliographie
222

Register
222

Richard Gere in ›Sommersby‹

Der Gere-Appeal

Er steht in der langen Tradition von Hollywoods Traum-Männern, er ist der Schwarm vor allem weiblicher Zuschauer – und er ist zugleich der ungeliebteste Star Hollywoods. Richard Gere wurde schon immer vorschnell in Kategorien gesteckt, von denen er sich bis heute kaum befreien konnte. Er gilt als »Mann für gewisse Stunden«, wie der deutsche Titel eines seiner größten Erfolge lautete. Unsinniger könnte Richard Gere nicht beschrieben werden.
Nicht zu bezweifeln aber ist, daß er ein bleibendes, eindrucksvolles Bild auf der Leinwand abgibt. Er ist ein Schauspieler,

Laut Lauren Hutton (rechts) der erste moderne Schauspieler: Richard Gere

der seinen Beruf nie wirklich lernte, der ihn aber höchst vollkommen ausübt mit der seltenen Gabe, seinen Instinkt zum Werkzeug machen zu können. Seine Rollen wirkten dabei ebenso provokativ wie seine öffentlichen Auftritte in eigener Sache. Gere machte am Beginn seiner inzwischen nahezu zwanzigjährigen Karriere Schlagzeilen, weil er sich als Rebell fühlte. Er machte sich unbeliebt, vor allem bei der Presse, die seitdem nur darauf lauert, diesem in ihren Augen arroganten Star eins auswischen zu können. Ein Star in Hollywood ist eine öffentliche Person. Millionen erwarten, auch intimste Details seines Lebens zu kennen. Dem widersetzen sich inzwischen immer mehr Schauspieler, die ihren Beruf ernst nehmen. Richard Gere gehörte zu den ersten seiner Generation, der sich der Öffentlichkeit verweigerte. Der Grund ist einleuchtend.

»Richard war der erste, moderne Filmstar«, meinte Lauren Hutton, die die Geburt des Stars in AMERICAN GIGOLO als seine Partnerin hautnah miterleben durfte und ihm äußerste Sensibilität und Verletzlichkeit attestierte. »Verletzlichkeit wird normalerweise mit einer Frau verbunden und die Männer haben Angst, sie zu zeigen. Es gab sie bei James Dean und bei Brando, und Richard stammt von dieser Linie ab. Sie macht einen Mann gefährlich, gewalttätig und attraktiv« (Kopkind). Es ist diese Verletzlichkeit, die Gere dazu veranlaßte, sich privat zurückzuziehen. Denn er verlor nicht selten die Distanz zu seinen Rollen, weil er mit den Kostümen in deren Haut zu schlüpfen schien, sich den Charakter einer Figur überzog und sich davon beeinflussen ließ, als wäre sie ein Teil seiner selbst. Splitter seiner Persönlichkeit sind es denn auch, die Gere dazu veranlassen, Rollen zu übernehmen, in denen er diese Splitter dann wiederfindet. Es muß jedes Mal eine Gratwanderung für ihn sein, die Balance zu finden zwischen professioneller Distanz und emotionellem Einfühlungsvermögen. Es ist eine Gratwanderung, auf der sich viele Schauspieler befinden. Worin sich Richard Gere von ihnen

Affären aller Art: attraktiv für alle

unterscheidet, ist seine unbestreitbare sexuelle Attraktivität, die überdies für beide Geschlechter gilt. Gere ist sich dieser Ambiguität durchaus bewußt, in Filmen wie INTERNAL AFFAIRS oder AMERICAN GIGOLO spielte er mit ihr und trug damit zur Verunsicherung seiner Zuschauer bei.

»Richard war in vielen guten Filmen«, meinte seine Freundin Susan Sarandon, »aber er war nie in einem wirklich großen« (Kopkind). Eine treffende Beobachtung, die auf Geres größtes Manko hinweist. Er bringt zu viel seiner Persönlichkeit in seine Rollen ein, bleibt zudem beschränkt auf ein limitiertes Reservoir an mimischer Ausdruckskraft und ist nicht in der Lage, den eigenen Charakter hinter einer Rolle zurückzustellen, wie es die Anhänger des Method Acting vollziehen. Es ist ein Manko, das kein Qualitätsurteil darstellt, denn Richard Gere hat sich in den vergangenen zwanzig Jahren zu einem Meister des minimalistischen Spiels entwickelt. Seine Stärke ist die Zurückhaltung, und wenn er sie – wie im Bibelepos KING DAVID – einmal aufgibt, bleibt nur leidvolles Chargieren übrig, was seine Karriere übrigens immer wieder zurückwarf. Die Rückschläge seiner Karriere hatten immer auch zu tun mit seinem Image als Sexsymbol. Natürlich fasziniert Gere durch seinen wohlgeformten, austrainierten Körper und seinen für einen Hollywoodstar völlig untypischen Mut, diesen auch in aller Freizügigkeit zu zeigen. Doch seine Sexualität strahlte immer auch Aggressivität aus und eine distanzierte Kühle. »Sein Erfolg basierte auf einer sehr narzißtischen Einstellung, das war alles, und Schauspieler wollen wegen ihrer Substanz anerkannt werden«, urteilte der Regisseur Mike Figgis über ihn. »Das amerikanische Publikum hat einen eingebauten Widerstand gegen Richard. Er wird als arrogant wahrgenommen, als sexuell anmaßend. Er wurde ausgebeutet und er hat dies auch zugelassen« (Kopkind). Erst jetzt, da Richard Gere die Vierzig überschritten hat, wird deutlich, daß es sich bei seiner Sexualität im Grunde um ein Machtspiel handelt. In POWER und INTERNAL AFFAIRS kam dies deutlich zum Tragen. Es sind dies Rollen, in denen er auch darstellerisch überzeugen konnte, Rollen, die einen reichen Kontext boten und ihren Darsteller zum Inbild des modernen, urbanen Menschen machten. Das Auf und Ab seiner Karriere ertrug Gere dabei äußerst gelassen. Vor allem seine Beschäftigung mit dem Buddhismus, seine Freundschaft zum Dalai Lama und sein Engagement für Tibet sorgten für eine Verlagerung seiner Lebensschwerpunkte. Sein Einsatz für Flüchtlinge aus lateinamerikanischen Diktaturen machte ihn darüber hinaus ebenso zum Außenseiter der Hollywood-Scheinwelt wie seine jüngsten Aktivitäten in AIDS-Kampagnen.

In dem HBO-Fernsehdrama AND THE BAND PLAYED ON stand er neben Anjelica Huston und Steve Martin vor der

Kamera von Roger Spottiswoode. Wohl nur seinem Einsatz ist die Mitwirkung der anderen Stars in dieser Geschichte über die Frühzeit der Epidemie zu verdanken. Immer wieder erscheint Gere auch in Senatsanhörungen, um von den Ergebnissen seiner politisch-humanitären Engagements zu berichten. Das Bild des Sexsymbols, des »Mannes für gewisse Stunden«, wird ihm zu keiner Zeit gerecht. Richard Gere ist der Beweis, daß vorschnelles Einordnen bei einem Star fehl am Platze sein kann.

Inzwischen hat sich Gere der Öffentlichkeit mehr geöffnet. So spricht er heute offen über seinen Drogenkonsum Ende der

Leidvolles Chargieren, wie in ›King David‹, schadete der Karriere

siebziger Jahre, schildert seine Hobbies (Pferde und Photographie) und beschreibt immer wieder seine buddhistische Einstellung. Hinter seinem attraktiven Äußeren steckt mehr, als viele ihm zugestehen wollen. Der permanente Kampf zwischen seinem (bei einem Schauspieler notwendigen) exhibitionistischen Drang und seiner Angst, seine Persönlichkeit preiszugeben, wird das Bild des Richard Gere in Zukunft wohl stärker prägen – und zu Filmen führen, die eine Revision seines Images nötig werden lassen. Seit Anfang der neunziger Jahre wurde aus dem Leinwand-Gigolo ein wirklicher Charakterdarsteller, mit einer – auch für seine Fans – vielversprechenden Zukunft.

Ein Blick in die Zukunft...

Von der Provinz in die Großstadt

Geboren wurde Richard Tiffany Gere am 31. August 1949 (in manchen Quellen wird das Jahr 1950 genannt) unter ganz normalen Umständen. Seine Biographie weist keine dramatischen Entwicklungen auf, keine rührselige Erfolgsstory nach dem Motto:»Aus der Gosse zu dem Platz an der Sonne«. Sein Geburtsort war die Industriestadt Philadelphia im Quäkerstaat Pennsylvania. Vater Homer, ein Methodist, verdiente als Versicherungskaufmann den Lebensunterhalt, Mutter Doris betätigte sich als Hausfrau. Die Vorfahren stammten aus England und hatten sich noch Gear geschrieben. Und so *(Gier)* wird Richard auch ausgesprochen. Als zweites von insgesamt fünf Geschwistern gab es zunächst wenig, das ihn irgendwie herausragend machte. Indes, die Eltern sorgten für eine musische Erziehung ihrer Kinder; Richard lernte Klavier, Trompete, Gitarre und später Kontrabaß.»Wir waren alle Musiker und es herrschte zuhause eine wunderbare Atmosphäre«, beschrieb er knapp seine Kindheit (Cannavo). Eine seiner Schwestern wurde übrigens wie er Schauspielerin in New York. Zur Schule ging Richard Gere in Syracuse im Staate New York, was vereinzelt als sein Geburtsort angegeben wird. Doch Gere, dessen Familie es aus beruflichen Gründen dorthin verschlug, ging in Syracuse nur zur Schule. Wie auch Mickey Rourke übrigens.
Es ist wenig bekannt über das Privatleben von Richard Gere. Gerüchte gab und gibt es immer wieder, doch die interessieren nicht. Gere ist ein Schauspieler, der seine Privatsphäre vor allzu neugierigen Blicken verschließt, dessen öffentliches Auftreten durch seinen Beruf bestimmt ist. Er bewahrt sich seine Sensibilität und seine berufliche Integrität. Völlig undenkbar wären öffentliche Selbstinszenierungen, wie sie Madonna und in gewisser Hinsicht auch Mickey Rourke betreiben. Ein gewisser Narzismus, der vielleicht jedem Schau-

spieler eigen ist, hier nur übersteigert, und die Hoffnung, ein Publikum zu finden, sind Antrieb solcher Aktivitäten. Für Richard Gere zählen eindeutig andere Werte. Zuallererst ist er ein Schauspieler und will als solcher ernstgenommen werden. Der Blick auf seine darstellerischen Fähigkeiten soll nicht durch private Eskapaden – ob wahr oder nicht – verschleiert werden. So ist es nicht erstaunlich, daß es im Leben des Richard Gere wenig Aufregung gibt. Vielmehr wirkt er wie die Verkörperung des gutbürgerlichen Jungen von nebenan. Doch so glatt und eben ist seine berufliche Laufbahn nicht.

Seine erste Rolle war die des Weihnachtsmannes. Das war noch auf der Schule. Die Mutter nähte das Kostüm, ein Kissen markierte den Bauch und Watte diente als Bart – der Erfolg war riesig. Auf der High School dann folgte ein Auftritt des Vierzehnjährigen als Präsident der Vereinigten Staaten in dem Stück »The Mouse That Roared«. Neben diesen musischen Aktivitäten, zu denen natürlich auch die Musik gehörte, zeigte Gere sportliche Fähigkeiten und wurde langsam vor die Entscheidung gestellt, zwischen einer der beiden Richtungen zu wählen. Als Sportler hätte er zum Beispiel in den USA eine College-Karriere machen können, die zum Profi-Sport geführt hätte. Doch er entschied sich anders. »Vom Gefühl her habe ich etwas gemeinsam mit einem Sportler. Es gibt jede Menge Übungen, physisch, geistig, und dann kommt ›dein Augenblick‹. Das Schauspielen im Film ist dem sehr ähnlich« (Sessums).

Als Fünfzehnjähriger war er einmal allein nach New York gefahren, hatte dort begeistert das kulturelle Angebot entdeckt: die Kinos und Theater, Greenwich Village und seine Bohème-Atmosphäre, die überall spürbare Kreativität und das pulsierende Leben. Für ihn war klar, er wollte in diese Stadt. Raus aus der Provinz, rein in die Metropole New York.

Durch die Vermittlung seiner Musiklehrerin und aufgrund seiner Fähigkeiten auf dem Kornett, das er später in Coppolas COTTON CLUB selbst spielen würde, wirkte er bei einer Auf-

Das aktuellste Foto: Jodie Foster und Richard Gere im Januar 1993 in Hamburg bei einer Promotion-Tour für ›Sommersby‹

führung von Händels »Messias« des Orchesters von Syracuse mit. Der Erfolg ermutigte ihn, sich an der Universität von Massachusetts unter anderem im Nebenfach Musik einzuschreiben. Dort angenommen aber wurde er vor allem seiner sportlichen Leistungen wegen. Als Hauptfach belegte er Philosophie. Da war er achtzehn. »Es gab all diese Fragen, die ich nicht beantworten konnte. Ich fragte immerzu warum, warum, warum?«, erinnerte sich Gere später an seine Gründe (Davis). »Aber die Antworten, die im Studium von Logik Bedeutung bekamen, liefen alle darauf hinaus, daß ich gar nicht existierte. Diese zwei Jahre auf dem College erscheinen

mir heute wie eine zerstörerische Erfahrung«. Eine Antwort indes fand er in Provincetown. Dorthin war er einem Freund gefolgt, der Schauspieler werden wollte. Richard Gere sprach ebenfalls am Provincetown Playhouse vor und wurde, im Gegensatz zu seinem Freund, engagiert – der Beginn seiner Karriere. Nach seinen ersten Bühnenerfahrungen auf der Schule (»Ich spielte immer nur in Pinter-Stücken, eine befreiende Erfahrung. Das ist wohl der anfängliche Knackpunkt beim Schauspielen, daß du aus dir herauskommst und ein anderer wirst, für den du nicht verantwortlich bist«, Davis) folgte nun also richtiges Theater. Mit neunzehn erhielt er sein erstes bezahltes Engagement – 28,70 Dollar pro Woche. Zwei Wochen Proben, dann zwei Wochen Aufführung. »Während du eine Rolle spieltest, hast du bereits die nächste geprobt. Es war wirklich ein 24-Stunden-Alptraum. Kein Schlaf. Nie hat man die Dialoge richtig gelernt. Immer war man am Rande eines Nervenzusammenbruchs.
Ich war nicht besonders darauf vorbereitet, irgendeine der Rollen zu spielen, aber aus welchen Gründen auch immer ließen sie es zu. Und ich deckte eine unglaubliche Spannweite ab. Mein erstes Stück war O'Neills ›The Great God Brown‹. Wir trugen Plastik-Masken, durch wir unsere Dialoge auf normale, prosaische Weise sprachen. Und dann nahmen wir unsere Masken ab und redeten von unseren innersten Gefühlen« (Cott). Gere, der bis dahin nie Schauspielunterricht genommen hatte, lernte seinen Beruf von der Pike auf. Nicht theoretisch, sondern in der täglichen Praxis auf der Bühne. Er trat unter anderem auf in Tom Stoppards »Rosencrantz and Guildenstern Are Dead« – ein Stück, das später mit Richard Dreyfuss verfilmt wurde –, Peter Schaffers »The White Liars«, Tennessee Williams' »Camino Real«, in dem er die Rollen von Lord Byron und von Lobo, dem Strandjungen spielte, und Edward Albees »Everything in the Garden«.
Seine Mentoren in Provincetown, William Roberts und dessen Frau Janet, nahmen Gere anschließend mit ans Seattle Reper-

tory Theatre, an dem er eine Saison lang für 75 Dollar die Woche auftrat. Roberts erinnert sich noch daran, wie Gere damals zu ihm gekommen war. »Er hatte nie seine Haare geschnitten, trug blaue Jeans, eine Lederjacke, ein bißchen ein Hippie, aber er war brillant. Er schien ganz anders zu sein« (Davis). In Seattle konnte er nicht nur seine Fähigkeiten als Schauspieler unter Beweis stellen. Inzwischen war ihm klar geworden, daß seine Zukunft auf der Bühne stattfinden würde, obgleich die Eltern und vor allem der Vater skeptisch waren. »Ich verstand seine Ängste nicht, hielt sie für zu bürgerlich. Aber er wußte, daß ich durch die Hölle gehen müßte, und er wollte das einfach nicht mitansehen. Ich machte eine Phase von ›junger-Männer-Paranoia‹ durch. Ich war wirklich Mittelklasse und hatte das Gefühl, etwas Besonderes machen zu müssen. Ich wollte nicht das, von dem ich glaubte, es sei dieser amorphe Mittelklasse-Status. Auch wenn meine Eltern meine Aktivitäten in Frage stellten, waren sie doch liebevoll, süß und unterstützend« (Davis). Gere, dessen berufliche Energie und Passion ihn schon zu Schulzeiten zum Einzelgänger werden ließ, brachte seine Musikalität in die Theaterarbeit ein und komponierte gar einige Begleitstücke (für »Volpone«). Doch die Wochengage reichte nicht aus zum Leben; deshalb spielte er gelegentlich bei Modeschauen im Hintergrund leise Klavier.

Noch im gleichen Jahr 1970 entschloß er sich, der Company den Rücken zu kehren und gen Osten zu fahren. Er landete in Vermont, wo er mit einigen Freunden aus der College-Zeit eine Rockband gründete. Gemeinsam lebte man auf einer Farm. Doch die provinzielle Idylle hielt nicht lange vor. Es kam zu Unstimmigkeiten, und Gere erinnerte sich wieder an seine Faszination von New York. Gerade zwanzig, zog er in die Ostküsten-Metropole, »wo ich im fünften Stock wohnte – ohne Aufzug, ohne Heizung, ohne Wasser, an der Sixth Street zwischen Avenue C und D. Als ich die Wohnung mietete, sagte ich zum Vermieter: ›Hören Sie, das Einzige, was ich

nicht aushalte, sind Kakerlaken‹. Er sagte: ›Kein Problem damit‹. Aber kaum, daß ich ihm einen Scheck geschrieben hatte und er verschwunden war, sprangen vier Millionen Kakerlaken aus allen Löchern und Ecken. Währenddessen lernte ich draußen auf der Straße trommeln und Spanisch« (Cott).
Greenwich Village war Anfang der siebziger Jahre neben San Francisco Zentrum der amerikanischen Libertinage. Die sexuelle Revolution spielte sich hier ab, Hippies bestimmten das Straßenbild, Musik, Film und Theater veränderten sich und brachten eine Menge junger Talente hervor. Aus New York kamen zum Beispiel Woody Allen, Martin Scorsese, Robert De Niro und Harvey Keitel, und mit ihnen gewann das amerikanische Kino an Modernität. Mit De Niro erhielt das Actors Studio eine neue Bedeutung, denn das Method Acting war auf einmal wieder in aller Munde. Schauspielerei wurde zum bewunderten Eintauchen in fremde Persönlichkeiten und Psychologien. Martin Scorsese befreite das Kino von seinen Konventionen, und Woody Allen hielt einer beengten Gesellschaft einen ironischen Spiegel vor. Jim Morrison von »The Doors« schrie den Bürgern seine Verachtung ins Gesicht, und die Gitarrenklänge eines Jimi Hendrix fegten durch die Bars. Richard Gere tauchte in eine Welt ein, die von Kreativität bestimmt war und die ein Leben propagierte, an dem Tausende von angehenden Schauspielern teilnehmen wollten. Eine Zeit zudem, in der Promiskuität herrschte und exzessiver Drogenkonsum seine ersten Opfer forderte.
Eines der populärsten Theaterstücke war damals das Musical »Hair«. Unzählige Nachfolger wurden auf die Bühne gebracht. Gere, der durch seine Mentorin Janet Roberts an die Agentur ICM und dadurch an den Agenten Ed Limato vermittelt wurde, bekam seine Chance. »Ich nahm ihn unter Vertrag, ohne seine Arbeit zu kennen. Er war ein gutaussehender Junge, ein langhaariger Rebell mit einer Gitarre. Aber man spürte bereits seine Star-Qualität, er war attraktiv, hatte irgendwie einen Touch von Gefahr an sich, und er war unberechenbar«,

Lange Jahre nach der »sexuellen Revolution«: Gere mit Fotomodell Cindy Crawford

erinnerte sich Limato später (Davis). Das lange Haar, seine sanglichen und instrumentalen Fähigkeiten brachten ihm 1971 eine Rolle am Broadway ein, in »Soon, a Rock Opera«. Es war kein Stück, das Geschichte machte, denn es erlebte nur eine Aufführung. »Es war ein sehr *tiefsinniges* Stück über Country-Musiker, die in die große Stadt kommen, um dort ihren Weg zu machen«, beschrieb es Gere später. »Ganz plötzlich werden ihnen ihre akustischen Instrumente weggenommen und sie spielen elektrische. Die Songs sollten irgendwie nach Disco klingen, aber unglücklicherweise klangen sie, als wir sie aufnahmen, wirklich großartig – wie Leon Russell, was damals das Modernste war. Ich spielte Slide-Gitarre, Baß und alles mögliche. Kaum einer, der damals in einem solchen

Musical auftrat, glaubte, daß es große Kunst sei, aber sie hielten dich am Leben und gaben dir das Geld für die Miete und den Schauspielunterricht« (Cott).

Die Miete mußte Gere allerdings zu dieser Zeit mit dem Scheck der Arbeitslosenversicherung bezahlen. Denn eine neue Rolle fand sich nicht sofort. Also ging er häufig ins Kino, entdeckte den jungen deutschen Film von Fassbinder, Wenders und Herzog. Endlich dann ein weiteres Engagement, in »Richard Farina: A Long Time Coming and a Long Time Gone«, ein Stück über einen Musiker der sechziger Jahre, mit Gere in der Titelrolle. Der Regisseur Robert Greenwood, der auch schon »Soon« inszeniert hatte, war des Lobes voll über seinen jungen Akteur: »Gere besaß eine enorme Energie. Er hörte nie auf zu arbeiten. Wenn eine Probe acht Stunden dauern sollte, machte Richard zwölf. Ich hatte keinen Zweifel, daß er ein Star werden würde« (Davis). Doch auch »Richard Farina« wurde ein Mißerfolg. Allerdings nicht für Gere persönlich, denn er fand in seiner Kollegin Penelope Milford eine verständnisvolle Freundin. Erneut folgte eine Zeit ohne Engagement, zu überstehen nur mit dem Arbeitslosengeld und einem kurzen Job als Tellerwäscher.

Kurzentschlossen machte er sich auf nach London, wo er auf bessere Chancen hoffte, da die Konkurrenz vielleicht nicht so groß sei. Er sollte Recht behalten. Denn in London wurde er für die Hauptrolle des Danny Zucko in dem Musical »Grease« engagiert. In dessen Broadway-Aufführung spielte Barry Bostwick, sein alter Ko-Star aus »Soon«, die Hauptrolle. Sein Erfolg in London verschuf Richard Gere die Bekanntschaft mit dem Regisseur Frank Dunlop, der damals die Nachwuchsschmiede Young Vic leitete und Gere für die Rolle des Christopher Sly in Shakespeares »Der Widerspenstigen Zähmung« engagierte. »Das Konzept der Rolle war, daß ich Teil des Publikums war, ein Betrunkener in der Lobby, der vor Beginn des Stücks für Unruhe sorgte. Als dann jeder Platz genommen hatte, machte Jim Dale, der den Petruchio spielte, eine Ankündigung und sagte: ›Es tut uns schrecklich leid, aber wir hatten fürchterliches Pech. Unser Bühnenbild und unsere Kostüme sind verbrannt, aber wir machen trotzdem weiter und tun, was wir können‹. Und dann brüllte ich vom Zuschauerraum: ›Wasfüreinescheißeerzählensieda...‹. Die Schauspieler beruhigten mich, holten mich auf die Bühne und von da an war ich Teil des Dramas. Das entsprach in Wahrheit viel mehr dem Stück, weil es für einen Trinker namens Christopher Sly gespielt werden sollte, obgleich dieser Hinweis normalerweise in den meisten Aufführungen weggelassen wird... Es war eigentlich sehr komisch. An unserem ersten Abend wurde ich verhaftet, weil die Wächter nicht wußten, daß ich Teil der Aufführung war« (Cott).

Den Raufbold gab Gere in England auch privat. Mit einem Motorrad und einer Clique Gleichgesinnter machte er häufig die Gegend unsicher. Der Fotograf Michael Roberts erinnert sich: »Richard hatte damals ein erstaunliches Verhaltensproblem. Er war unhöflich zu jedem, den ich ihm vorstellte. Er spielte diese Art von James-Dean-Figur. Ich hatte ihn ins Tramps eingeladen, wo Bianca Jagger und all unsere Freunde begierig waren, ihn zu treffen. Er kam in seiner Lederjacke an und verhielt sich wie ein Straßenjunge. Er war so unglaublich rüde mit ihnen. Und sie mochten es« (Sessums). Trotz seiner Erfolge zog es Gere nach New York zurück. Und schon bald hatte er eine Gelegenheit, sein Talent zu zeigen, denn Dunlops Inszenierung von »Der Widerspenstigen Zähmung« sollte in New York gezeigt werden. Wieder zu Hause, suchte sich Richard zunächst eine neue Bleibe, einen alten Laden im West Village, dessen Schaufenster durch jede Menge Pflanzen keinen Blick nach drinnen zuließen. Hier sollte Gere einige Jahre leben.

Seine berufliche Laufbahn kam jetzt endlich in Schwung. Er ersetzte eine Zeit lang Barry Bostwick in »Grease« und hatte eine kleine Rolle in einer Episode von KOJAK, der einzigen TV-Serie, die in den siebziger Jahren in New York gedreht wurde und lokalen Darstellern Rollen bot. Die Casting-Agentin Judy Lamb verschaffte ihm neue Angebote. Etwa einen Auftritt bei Joseph Papp, dessen Shakespeare-Aufführungen inzwischen Legenden sind. Nicht ihrer Qualität, sondern ihrer Darsteller wegen, die – meist am Anfang ihrer Karriere – später nicht selten zu Hollywood-Stars wurden. Gere selbst war nicht besonders zufrieden mit seinem Auftritt in »A Midsummer Night's Dream«, doch erzielte er einige Aufmerksamkeit.

1975 wurde er dann von dem alten Theatermann Wynn Handman für eine Aufführung von Sam Shepards Ein-Mann-Stück »Killer's Head« an dessen kleinem Off-Broadway-Theater engagiert. »Es war die erste Rolle, zu der ich eine wirkliche Verbindung hatte«, so Richard Gere über die bis dahin anspruchsvollste darstellerische Herausforderung. »Als Gefangener war ich auf dem elektrischen Stuhl festgeschnallt und hatte die Augen verbunden, ich konnte meinen Körper nicht bewegen, und deshalb mußte es ein vollständiger Ausdruck von Energie sein. Kein Narzismus, keine Zweifel über das eigene Aussehen« (Davis). Wynn Handman, der Stars wie James Caan und Joel Grey unterrichtete, wurde auch sein Schauspiel-Coach. »Er ist ein ernsthafter, begeisterungsfähiger und abenteuerlustiger Schauspieler«, äußerte sich Handman über seinen damaligen Schüler. »Richard ist sehr talentiert. Er vertieft sich wirklich in eine Figur. Er war bemerkenswert gut in dem Sam-Shepard-Stück ›Killer's Head‹, das nur aus einem langen Monolog besteht. Auf den elektrischen Stuhl geschnallt, mußte er sein Publikum nur mit seinem Gesichtsausdruck und der rhythmischen Kadenz seiner Sprache fesseln« (Davis). Handman arbeite mit Gere dann auch vor allem im sprachlichen Bereich und brachte ihm jenes Shakespeare-Englisch bei, das die Sprache der angelsächsischen Bühnen-Klassiker ist. Und in genau denen wollte Gere damals auch auftreten und sich als Star fühlen können.

Der Kostümbildner William Ivey Long lernte Gere während

der Proben zu Albert Innauratos Stück »Earthworms« kennen. Long mußte Maß für die Kostüme nehmen und wurde von Gere darauf hingewiesen, dabei auf seine Hände aufzupassen. Long bemerkte, daß dieser junge Schauspieler ganz spezielle Jeans trug. »Ich erinnere mich sehr gut daran, daß ich damals dachte, daß er ein interessanter junger Mann sei. Er verdient sein Geld zwar nur am Off-Broadway, aber er hat maßgeschneiderte Jeans. Dieser Junge würde ein Star werden« (Sessums). William Long sollte recht behalten. Richard Gere wurde ein Star.

Doch zunächst war es nur eine britische Boulevard-Komödie, kein Shakespeare, in der er als nächstes auf der Bühne stand. Frank Dunlop engagierte ihn 1975 für seine Broadway-Inszenierung von »Habeas Corpus«, in der Gere als verführerischer

Aus dem Rebell wurde ein Demokrat: Gere wirbt im November 1992 für Clinton und Gore.

Beginn der Kino-Karriere: als Zuhälter mit Hut in ›Der einsame Job‹ (1974)

Vertreter Mr. Shanks für Zoten sorgte. In der Hauptrolle war die bekannte englische Darstellerin Rachel Roberts zu sehen. Nach Ende der Aufführungen ging es nun unmittelbar weiter. In Clifford Odets Stück »Awake and Sing« aus dem Jahre 1935 (über die Versuche einer jüdischen Familie, in der Depression zu überleben) spielte Gere den Ralph – eine Figur, die in den dreißiger Jahren einmal für John Garfield gedacht war. Mit Garfield wurde Gere ironischerweise am Anfang seiner Filmkarriere immer wieder verglichen. Seine auch von der Kritik wohlwollend rezensierte Rolle in »Awake and Sing« war Geres letzter Theaterauftritt – für vier Jahre. Seine Laufbahn nahm im Kino ihre Fortsetzung und fand in AMERICAN GIGOLO ihren ersten Höhepunkt. Richard Gere war schon ein Star, als er sich zu einem Wagnis entschloß und zur Bühne zurückkehrte. »Im Theater erschafft man eine Figur nicht so wie im Kino. Du machst kein Geld. Dein Name steht in keiner Zeitung. Du stellst einfach nur Charaktere dar. Der Spaß liegt in der Arbeit« (Davis).

Am 2. Dezember 1979 hatte Richard Gere in Martin Shermans preisgekröntem Stück »Bent« in New York Premiere. Ein ungewöhnliches Stück, handelt es doch von einem Homosexuellen in einem Konzentrationslager, der gefoltert und gedemütigt wird und der nach der Ermordung seines Freundes den Tod sucht. Für Gere war es ein Stoff, nach dem er schon lange gesucht hatte. Nur kurz dauerten die Gespräche mit dem Autor Sherman und dem Regisseur Robert Allen Ackerman, dann waren beide überzeugt. Gere gab durch seine intensive Darstellung der Figur eine beeindruckende Persönlichkeit; insgesamt acht Monate lang stand er in dem Stück auf der Bühne. Es war eine Rolle, mit deren emotionalem Gehalt er sich identifizieren konnte – für seine Art, instinktiv zu spielen, von enormer Bedeutung. Eine andere Annäherungsweise fällt ihm schwer. »Ich habe es manchmal versucht und bin fürchterlich reingefallen. Das Schlechteste, was ich in meinem ganzen Leben gemacht habe, war der Demetrius in ›A Midsummer Night's Dream‹. Er ist ein Liebhaber mit offenen Augen, sehr einfach, sehr gerade, und ich konnte es nicht spielen. Alles, was ein Schauspieler macht, muß Teil seiner selbst sein« (Steinem). Die Kritiker reagierten begeistert auf einen Richard Gere, dem sie – nach AMERICAN GIGOLO – eine solche Leistung nicht zugetraut hätten. Sie machten dabei nicht den Fehler, Geres Persönlichkeit mit der Figur des Stückes zu verwechseln, wovor er von vielen gewarnt worden war.

Die Intensität seines Spiels hatte wohl auch mit den gründlichen Vorbereitungen zu tun. Gere, der in Italien für seine Rolle in DAYS OF HEAVEN einen Filmpreis bekommen sollte, nutzte die Europareise, um sich das Konzentrationslager

Dachau anzusehen und mit Zeitzeugen in München zu reden. Der tägliche Auftritt indes erwies sich als äußerst strapaziös – vor allem, weil Gere echte Steine statt nachgemachter über die Bretter wuchtete. »Ich kann gar nicht sagen, wie gut Richard ist«, meinte Martin Sherman voller Anerkennung. »Unglaubliche Vielfalt, endlose Tiefen und Farben. Er ist überwältigend lebendig auf der Bühne« (Davis). Richard Gere selber war sich der Schwierigkeiten und Bedeutung dieser Rolle durchaus bewußt. »Ich hatte das Gefühl, daß ich als Schauspieler während dieser Aufführung erwachsen wurde, weil ich mich jeden Abend völlig verausgaben und meine psychischen Batterien für den folgenden Abend wieder aufladen mußte. Die Disziplin, die das verlangt, ist immens. Es ist leicht zu erkennen, warum Schauspieler wie Olivier, Alec Guinness, John Gielgud und andere eine derartige Präsenz in ihren Filmen haben. Es kommt alles von der Bühne und verlangt völligc Hingabe« (Von Kursk). Eine Hingabe, die er in der Folge auch bei seinen Filmrollen zeigte. Nach »Bent« trat Richard Gere nicht mehr im Theater auf. Ein geplanter Auftritt in »Hamlet«, von Franco Zeffirelli mit Roy Scheider, Amy Irving, Jean Simmons und E. G. Marshall inszeniert, kam nicht mehr zustande.

Aufenthalt am Rande

Der unweigerliche Schritt vom Theater zum Film, von einem Medium zum anderen, bedeutete für Richard Gere zunächst einmal einen Verlust. »Es waren unglaubliche Jahre für mich, ich war völlig besessen vom Theater«, erinnerte er sich später. »Es war, als ob man auf einem anderen Planeten zum Leben erwachte und eine Energie bezog, von der man nicht wußte, daß sie in einem steckte. Deshalb nahm ich alles so ernst und wollte nicht in die Mentalität eines Stars verfallen, bei der du Autogramme und eine Menge dummer Interviews gibst und Parties in Hollywood besuchst. Die Schauspielerei war eine Berufung für mich. Ich haßte alles, was die Stunden der Konzentration und Vorbereitung, die überhaupt dazu befähigten zu spielen, trivialisierte« (Von Kursk).
Spielen konnte er in seinen ersten Filmrollen wenig, zumal vor dem Kino für Richard Gere wieder das Fernsehen stand: Auftritte in den Krimi-Serien KOJAK und D. H. P. Doch schon bald bekam er dank der Vermittlung seines Agenten Ed Limato und seiner Bekannten Judy Lamb erste, kleine Filmrollen. In dem New-York-Krimi REPORT TO THE COMMISSIONER (Der einsame Job) tauchte er als Zuhälter Billy nur einmal kurz am Rande auf. Der Film war auf den HOLOCAUST-Hauptdarsteller Michael Moriarty zugeschnitten und erzählte von einem jungen Polizisten, der aufgrund seiner labilen Psyche daran scheitert, Prostitution, Rauschgifthandel und andere Verbrechen wirkungsvoll zu bekämpfen. Auch sein Auftritt in John Hancocks Zweitem-Weltkriegs-Drama BABY BLUE MARINE, der in Deutschland nie gelaufen ist, muß als tastender Schritt in ein neues Genre gewertet werden. Gere tritt auch in diesem Film nur am Rande in Erscheinung – als junger Marinesoldat, dessen Kriegserlebnisse ihn in ein psychisches Monster verwandelt haben. Das Merkwürdigste an dieser Figur war, daß sie ein Albino sein sollte. Also färbte

man dem südländischen Typ Richard Gere die Haare blond... Eine interessantere Rolle dagegen fand sich für ihn in dem fürs Fernsehen produzierten Krimi STRIKE FORCE. Regie führte der Routinier Barry Shear. Richard Gere spielt einen Provinz-Polizisten, der einer FBI-Spezialeinheit zugeteilt wird und dabei neue Freunde findet. Der Film beginnt auf einer Müllkippe. Joe Spinell, pockennarbiger Bösewicht im

Blond bevorzugt, aber nur einmal: ›Baby Blue Marine‹

›Report to the Commissioner‹: Michael Moriarty (hinten) spielt die erste Geige

Kino der siebziger Jahre, erschießt einen Zeugen, der mitansah, wie er zwei Müllmänner ermordete. Joey Gentry (Cliff Gorman), ein Bulle aus Little Italy und FBI-Agent, wird daraufhin ins Trainingslager Randall Islands gerufen, wo er mit dem farbigen Agenten Jerome Ripley (Donald Blakely) ein Team der Spezialeinheit »Strike Force« bilden soll. Währenddessen findet der junge Walter Spencer (Gere), ein Trooper der Staatspolizei, die Leichen des Müllkippen-Mordes. Walter ist ehrgeizig, ihn nervt die behäbige Lässigkeit seines Chefs und seiner Kollegen. So kommt er als dritter Mann in die Strike Force, deren Aufgabe es ist, die Müllkippen-Morde aufzuklären. Joey Gentry erkundigt sich bei seinen

Bekannten und Informanten auf den Straßen von Little Italy nach den Toten, nach ihren Wohnorten, Kontakten und Freundinnen. Diese herkömmliche Polizeimethodik wird ergänzt durch die Einrichtung einer High-Tech-Einsatzzentrale, über die Walter als richtiggehender Provinzler sich wie ein Kind freut. Weil er etwas verschweigt, wird er von seinen beiden Kollegen zunächst einmal in Sachen Solidarität belehrt, was er mit ausdruckslosem Gesicht zur Kenntnis nimmt.

Richard Gere wird darstellerisch wenig abverlangt. Seine Rolle bleibt zu Beginn des Films simpel und schematisch. Irgendwie wirkt er fehlbesetzt, denn er weist weder die Mentalität noch die Statur eines naiven Polizisten aus der Provinz auf. Der Cowboyhut und die Lammfelljacke, in denen er am Anfang herumstakst, lassen seine Figur lächerlich erscheinen. Geres körperliche Steifheit deutet daraufhin, daß auch ihm nicht wohl in der Rolle gewesen sein mag. Später dann hat man ihn in den schlechtsitzenden Anzug eines Angestellten gesteckt. Auch hier wirkt Gere unbehaglich und unsicher in seinen Bewegungen. Leben kommt in seine Figur nur, wenn er seinen Jagdinstinkt walten läßt. Immer wieder erzählt Walter Spencer von seiner Jagdpassion, nun darf er einen Mafioso jagen. Joe Spinell wird das Opfer seiner Leidenschaft. Geres dunkle Augen leuchten, der Körper verliert für kurze Zeit seine Steifheit. Dennoch sind es zunächst seine beiden Kollegen, die die physische Arbeit machen. Während er jemanden im Auto verfolgt, durchsuchen Joey und Jerome das Haus des Verdächtigen. Sie kommen dabei einem Rauschgifthandel auf die Spur, bei dem Heroin aus der Asservatenkammer der Polizei verwendet und gegen Zucker ausgetauscht wird. Richard Gere bleibt in diesen Passagen des Films ganz verschwunden. Nicht einmal mehr am Bildrand ist er zu sehen.

Joey findet heraus, daß es bei der New Yorker Polizei eine undichte Stelle gibt. Um den Betreffenden zu entlarven, richten sie einen Beobachtungsposten ein. Walter stattet ihn mit kindlicher Freude an technischem Gerät aus. Doch er hat eine

plötzliche Wandlung durchgemacht, für die keine Erklärungen geliefert werden. Schwarz gekleidet, fast elegant, mit geschmeidigen, beinahe tänzelnden Bewegungen strahlt Gere so etwas wie Sex-Appeal aus; zumindest vermittelt er eine Ahnung davon. Seine Figur des Walter Spencer wirkt nun überhaupt nicht mehr schlüssig, aber das hat offenbar niemanden gestört. Und so fällt es auch kaum auf, daß Richard Gere am Rande oder im Hintergrund bereits einige jener Attribute ausprobiert, die in seinen folgenden Rollen zu seinen Markenzeichen werden. Etwa jenes ansatzlose Kopfschütteln, ein Lächeln, das ebenso ironisch wirkt wie anmaßend, oder der runde Hüftschwung. Das alles wirkt im Zusammenhang von STRIKE FORCE zwar eher deplaziert, muß aber kundigen Besuchern wie Casting-Agenten durchaus aufgefallen sein. Richard Gere jedenfalls erregte ihre Aufmerksamkeit.
Nachdem das Trio endlich den Tätern und ihrer Methode auf die Spur gekommen ist, steht das Finale auf der Müllhalde an. Mit einem der Mafiosi prügelt sich Walter im Schlamm und kann ihn auch überwältigen. Für Richard Gere bot die Szene die Gelegenheit, sich endlich einmal körperlich richtig zu bewegen, Fesseln abzustreifen. Am Rande des Geschehens und der Bilder aber bleibt er nach wie vor. Dennoch – der Film von Barry Shear lieferte ihm die beste aller Fernsehrollen. Doch natürlich richtete sich inzwischen sein Interesse auf das Kino. Rollen allerdings blieben aus. Hinzu kam, daß Richard Gere bei ihrer Auswahl bis heute sehr wählerisch ist und sehr bewußt vorgeht. »Mich stört zum Beispiel, daß den Schauspielern ihr enormer Entscheidungsprozeß nicht zugestanden wird. Kritiker haben keinen Zugang zu dem Werk eines Schauspielers so wie zu dem eines Schriftstellers, oder aber erst am Ende deiner Karriere. Schauspieler sind keine Menschen, die man in eine Schachtel steckt, die da herauskommen, ihre Sätze sagen und zurückgestellt werden.
Vielleicht rührt das daher, daß Schauspieler in gewisser Weise in eine passive, weibliche Rolle gezwängt werden. Wenn du

dich in einem Unternehmen als denkender, wertvoller Partner herausstellst, mußt du einbezogen werden – und das wirkt bedrohlich. Auf der anderen Seite habe ich niemals eine Rolle angenommen, weil die Welt diesen Film wirklich brauchte. Ich glaube nicht, daß die Welt Filme braucht. Mich berührt mehr die negative Antwort, daß die Welt diesen Film wirklich *nicht* braucht, weil er rassistisch, menschenverachtend oder was auch immer ist. Schauspielen ist etwas Anderes als Schreiben. Die Recherchen mögen die gleichen sein, aber Träumen ist etwas Anderes, als seinen Körper physisch einzubringen. Wenn du erst einmal die Handlungen eines Charakters ausführst, geht es in die Zellen deines Körpers« (Steinem).

Richard Gere nahm sich Zeit zu entscheiden, die Rolle eines Outlaws in dem Film eines nahezu unbekannten Regisseurs anzunehmen. Doch ohne es damals zu wissen, entpuppte sich seine Entscheidung, in Terrence Malicks DAYS OF HEAVEN (In der Glut des Südens/Tage des Himmels) mitzuwirken, als ausgesprochener Glücksfall. Denn obgleich der Film nur geringen kommerziellen Erfolg hatte, zählte er zu den herausragenden US-Filmen der siebziger Jahre. Terrence Malick hatte mit BADLANDS (1973) einen vielbeachteten und preisgekrönten Film über zwei jugendliche Ausreißer gedreht, mit DAYS OF HEAVEN (1976) schuf er – gemeinsam mit dem Lichtzauberer Nestor Almendros – ein visuelles Meisterwerk, das zum Träumen schön ist. Malick war nicht interessiert daran, mit berühmten Schauspielern zu arbeiten, obgleich das produzierende Studio ursprünglich den damals neuen Superstar John Travolta (SATURDAY NIGHT FEVER) vorgesehen hatte. Brooke Adams stand am Anfang ihrer Karriere, war bislang nur durch einige Fernsehrollen aufgefallen, ebenso wie die kleine elfjährige Linda Manz oder der Dramatiker Sam Shepard, der als Schauspieler hier seine erste Filmrolle übernahm. Für Gere bedeutete dies übrigens eine Begegnung mit dem Autor des Stückes »Killer's Head«, seinem frühen Theatererfolg.

Die Dreharbeiten zu DAYS OF HEAVEN konfrontierten Gere mit einem ungewöhnlichen Regisseur. »Wir improvisierten sehr viel. Es war kein einfacher Arbeitsprozeß mit Terry. Der Film, den wir drehten, entsprach nicht dem Drehbuch, das ich gelesen hatte. Es veränderte sich. Terry ist ein Poet und sich unklar über seine Wünsche. Wir waren zum Beispiel für eine Szene drehbereit und Terry sagte: ›Sie ist etwa wie der Wind, der durchs offene Fenster weht‹. Und ich antwortete dann: ›Alles klar, ich versuche es‹. Und wir drehten Take für Take, und von einer dreiseitigen Szene blieben am Ende nur noch drei Zeilen übrig. Er suchte nach einem Moment der Wahrheit, doch du kannst keinem erzählen, was die Wahrheit ist und wie man sie bekommt« (Davis).

Wie der Wind, der durch das offene Fenster weht: ›Days of Heaven‹

Der Film ist die Geschichte eines Verbrechers. Bill (Gere) arbeitet in einer Chicagoer Stahlfabrik, deren rotglühender Stahl auf die Sonne und die Feuersbrunst im Süden verweisen. Denn in den Süden muß Bill mit seiner Freundin Abby (Adams) und seiner kleinen Schwester Linda (Manz) fliehen, nachdem er im Streit seinen Vorarbeiter getötet hat. Es ist die Zeit der Wirtschaftskrise in den USA, und so reiht sich das Trio ein in den Zug derer, die auf dem Land nach Arbeit suchen. Bei einem Farmer (Shepard) finden sie Arbeit. Bill hatte gehört, daß dieser sterbenskrank sei, und so gibt er Abby als seine Schwester aus. Zärtlichkeiten können sie fortan nur heimlich austauschen. Die Weizenfelder im Süden sind endlos. Sie zu ernten ist harte Knochenarbeit, im Film in nahezu lyrischen Impressionen eingefangen. Immer stärker rückt die Magie der Bilder und des Lichts in den Vordergrund, immer mehr treten die Akteure und die Handlung zurück. Beinahe gerät Bill erneut in ernste Schwierigkeiten, als einer der Arbeiter anzügliche Bemerkungen über Abby fallen läßt und dafür von dem aufbrausenden Bill verprügelt wird. Das offensichtliche Interesse des Farmers an der hübschen und anmutigen Abby, deren große, dunkle Augen unbekannte Versprechen verbergen, bewahrt das Trio aber davor, weggeschickt zu werden. Nur mit Mühe kann Bill seine Wut über die Zurechtweisung des Vorarbeiters (Robert Wilke) unterdrücken. Dabei zeigt sich, daß Richard Gere kein eigentlich psychologischer Akteur ist, denn seine Emotionen setzt er um in eine interessante Körpersprache. Aufsteigende Gefühle, die danach verlangen, explosionsartig auszubrechen – wie Zorn und Wut –, transponiert er in ein angespanntes Wippen, das sich wandelt in ein aggressives Tänzeln, dem eines Boxers nicht unähnlich, und dann verebbt wie ein Rinnsal im Sand. In den siebziger Jahren war Gere voller Energie und Wut, ein *angry young man*, was sich häufig in aggressiven Auftritten äußerte. Die Schauspielerei stellte eine Art Ventil dar, die eigene Persönlichkeit unter Kontrolle zu halten. Nur sehr selten finden

sich daher in den frühen Filmen von Richard Gere Szenen ausgelebter Aggressionen. Immer kehren sich die Gefühle gegen ihn selbst und setzen sich um in physische Mobilität.
Bill entwickelt einen perfiden Plan. In dem vermeintlichen Wissen um des Farmers baldigen Tod bringt er Abby dazu, auf dessen Interesse an ihr einzugehen. Als die Ernte beendet ist und die Arbeiter die Farm verlassen, bleiben er, Abby und Linda zurück. Trotz der Arbeit, die sie zu verrichten haben, erscheint ihnen das Leben wie ein Urlaub. Endlich haben sie Zeit füreinander, für ausgelassenes Herumtollen und für die Liebe. Doch auch der Farmer und Abby kommen sich näher, bis er ihr schließlich seine Liebe gesteht. Bill drängt seine Freundin dazu, den Farmer zu heiraten. Als sie in den Flitterwochen sind, betritt er das Farmhaus wie ein siegreicher Okkupant. Auch hier dominiert das physische Spiel; es sind die Bewegungen, nicht die Mimik, mit der Gere sein Revier absteckt. Als er mit dem Farmer später einmal auf die Jagd geht und er ihn kurze Zeit im Visier hat, ihn also beseitigen könnte, verläßt sich Gere auf seine mimischen Fähigkeiten. Die zeichnen sich aus durch ihre Subtilität. Richard Gere ist ein Meister der mimischen Reduktion. Die Mordlust von Bill drückt er allein mit seinen Augen aus: brennende, dunkle Punkte, die starr fixieren. Dann ein langsamer, weicher Wechsel zu einem zweifelnden Blick, der am Ende nichts weniger ausdrückt als die Angst vor den eigenen Mordgedanken.
Die Anspannung steigt, eine Tragödie scheint sich anzukündigen, nachdem auch noch der Vorarbeiter die Farm verlassen hat. Doch das überraschende Auftauchen einer Truppe fliegender Clowns löst die Spannung. Abby hat sich inzwischen wirklich in den Farmer verliebt, und so verläßt Bill die Farm mit der Gauklertruppe. An diesem Punkt der Geschichte verläßt Richard Gere für eine Weile den Film, der das Glück des Ehepaares, vor allem aber die Natur zeigt. Faszinierend zum Beispiel die Detailaufnahmen des keimenden Korns in der Erde, die Bilder des wogenden Weizens.

Die neue Saat ist reif, die Erntezeit gekommen. Bill taucht wieder auf; anscheinend hat er Geld, denn er fährt ein Motorrad. Er sieht ein bißchen aus wie ein Desperado und strahlt entsprechenden Sex-Appeal aus. Der durch den Sport wohlgeformte Körper, die geschmeidigen Bewegungen, die glutvollen Augen – das alles waren und sind Attribute, die Richard Gere zu einem Leinwandidol machen. Seine Wirkung entfaltet sich hier, obgleich Terrence Malick seine Akteure nur selten in Großaufnahmen zeigt. Er läßt ihnen keine Gelegenheit zu »spielen«, bindet sie vielmehr ein in seine Inszenierung, wahrt eine innere Distanz zu ihnen, als sei ihm die Landschaft wichtiger als die Menschen. Das ist wohl auch so, denn die Landschaft bekommt die besseren Bilder. Etwa in der Szene, in der Millionen von Heuschrecken über den Weizen herfallen, ein Feuer sie vertreiben soll, und am Ende das ganze Feld in Flammen steht. Es sind phantastische Bilder, die der Truffaut-Kameramann Almendros hier zaubert, und für die er einen »Oscar« erhielt. Eine atemberaubende Schönheit voller Leidenschaft, die die Vermutung nahelegt, der Regisseur habe hier mit Lust seinen Set in Brand gesetzt. Die Naturgewalten werden spürbar, und die Beziehung der Menschen dazu.
Als Bill den Farmer trösten will, greift dieser ihn an. Bill läßt es geschehen, auch wenn er seine Überraschung nicht verbergen kann. Nach den zerstörerischen Kräften der Natur nun die mörderischen des Menschen: Am Morgen nach dem Brand kommt es zum Kampf zwischen Bill und dem Farmer. Mit einem Schraubenzieher ersticht Bill den Farmer, weniger mit Absicht als aus Versehen. Doch wieder muß das Trio auf die Flucht. Nach Mexiko will Bill, dort glaubt er sich sicher. Auf einem Boot treiben sie einen Fluß entlang, erkennen aus der Ferne das Leben am Ufer, Farmer, Hobos, Bäume, Felsen, Weiden. Was sie allerdings nicht sehen, sind ihre Verfolger. Eines Morgens, als Bill auf der Suche nach etwas Eßbarem durch einen Wald streift, an dessen Rand sie gelagert haben, wird er von ihnen entdeckt. Noch einmal rennt er davon,

Richard Gere in ›Sommersby‹ (1992): als Typ vom Land fehlbesetzt?

versucht, Abby und Linda vor der drohenden Gefangennahme zu bewahren. Wie ein verwundetes Tier hetzt Bill durch eine sumpfige Flußlandschaft, doch er entgeht seinen Jägern nicht. Ein letzter Blick auf Abby, voll Zärtlichkeit und der Gewißheit des bevorstehenden Todes, dann wird Bill von einer Kugel getroffen. Sein Tod ist kurz und schnell, mitten im Lauf, wie bei einem gejagten Wild. Die Wege von Abby und Linda trennen sich in der Folge, verlieren sich im Nirgendwo.

»Terry hatte wenig Ahnung von Schauspielern«, meinte Richard Gere später in der Zeitschrift »Film Comment« (Davis), »es gab eine Unwissenheit über die Arbeitsweise eines Schauspielers und auch darüber, wie man mit ihnen kommunizieren soll. Er weiß, wann es richtig ist; er weiß, wann es falsch ist. Aber er versteht kaum, es ans Licht zu bringen oder warum es falsch ist... Ihn kümmert die Dramaturgie kaum; er wollte etwas wirklich Besonderes, einen Seufzer des Lebens, etwas sehr schwer zu Vermittelndes«. Tatsächlich bleiben die Schauspieler auf Nebenfiguren reduziert, denn vor allem die Natur spielt die Hauptrolle in Malicks Film, der von vielen Kritikern als Meisterwerk des amerikanischen Kinos der siebziger Jahre betrachtet wird. Selten konnte man einen derart überzeugenden mythischen Film sehen. Malicks Sicht ist die eines Ethnographen, mit detailgenau rekonstruierter Erntearbeit und subtil beobachteter Beziehung zwischen Mensch und Natur. Er schuf einen Film, der seine Zuschauer nicht nur zum Sehen animierte, sondern auch zum Fühlen.

Zum Unwillen von Richard Gere aber fehlten in der endgültigen Fassung, die der Regisseur eineinhalb Jahre lang montierte, alle dramatischen Szenen und Gefühlsausbrüche. Viele Dialoge fielen dem Schnitt zum Opfer, der die Darsteller zu eher stummen Wesen machte. DAYS OF HEAVEN lebt ganz von seinen Bildern, brachte Richard Gere indes dennoch 1979 den italienischen Filmpreis »David Donatello« als bester Schauspieler ein. Erst 1978 kam der Film schließlich in die Kinos, wurde aber vom Publikum kaum wahrgenommen. Terrence Malick drehte danach keinen weiteren Film mehr. Der Konzern Gulf & Western, damals Besitzer des Paramount-Studios, richtete ihm einen Fond ein, neue Projekte zu entwickeln, doch offensichtlich fand der philosophische Einzelgänger (Malick ist eigentlich Philosophie-Professor und Heidegger-

Spezialist) nichts Geeignetes. Es bleibt nur die Hoffnung, daß Malick eines Tages zur Regie zurückfinden wird.

Amerikanische Kritiker waren von Geres Leistung weniger begeistert. Manche hielten ihn gar für fehlbesetzt. Darin mag ein Körnchen Wahrheit liegen, denn wie auch später in MILES FROM HOME nimmt man Richard Gere den ländlichen Typen nur teilweise ab. Gere ist eher ein *urbaner* Schauspieler, dessen physische Ausstrahlung die Hektik von belebten Straßen reflektiert und nicht die ruhige Beschaulichkeit ländlicher Weite. Seine Physis, seine elegante Art der Bewegung, seine präzisen Reaktionen korrespondieren mit einem städtischen Rhythmus homogener als mit idyllischer Langsamkeit. Seine nächste Rolle sollte dies nachhaltig herausstellen.

Wieder war es Judy Lamb, die seiner Karriere einen entscheidenden Schritt weiterhalf. Sie stellte den Kontakt zum Regie-Veteranen Richard Brooks (IN COLD BLOOD) her, der einen heiß diskutierten Bestseller verfilmen wollte: LOOKING FOR MR. GOODBAR (Auf der Suche nach Mr. Goodbar). Es kam zu einem Treffen, nach dem Brooks von Gere bereits überzeugt war. Die Hauptrolle sollte Diane Keaton spielen, die sanfte Stadtneurotikerin aus den Filmen Woody Allens. Die Figur des Tony Lopanto schien dagegen Gere auf den Leib geschnitten zu sein. Als italienischer Macho, als Mann der Straße mit unklarem sozialen Hintergrund durfte er zum ersten Male beweisen, daß er sowohl sexy als auch zugleich schauspielerisch anspruchsvoll sein kann.

Diane Keaton ist Theresa Dunn, eine angehende Lehrerin, schüchtern, voller Komplexe und verzehrt von Sehnsüchten. Zuerst träumt sie von einem Verhältnis mit ihrem Englisch-Lehrer, dann hat sie eins. Es ist der Beginn ihrer Entdeckung des Sex. Eher geschäftsmäßig als leidenschaftlich. Ihre Träumereien am Weihnachtsabend in ihrem erzkonservativen, katholischen Elternhaus zeigen, wie sehr sie sich nach Liebe und Anerkennung sehnt, doch was ihr bleibt, sind sexuelle Freizügigkeit und individuelle Einsamkeit. In einer Bar lernt

›Looking for Mr. Goodbar‹: Anmache Stufe Eins...

sie dann Tony kennen, einen Anmacher, der abschätzend ihre Figur betrachtet und sie für okay befindet. Er kommt direkt zur Sache – ein Sexprotz. Doch zunächst läßt Theresa ihn abblitzen, was Tony nicht weiter stört, wendet er sich doch einer anderen zu. Einem Typen wie ihm wird es immer leicht fallen, irgendein Bett zu finden.

Theresa lernt durch einen Zufall den Fürsorger James (William Atherton) kennen, einen prinzipienfesten Moralisten, der ihren Eltern recht bald als der ideale Schwiegersohn erscheint. Theresa aber will von der Ehe nichts wissen; sie hat das abschreckende Beispiel ihrer Schwester Katharine (Tuesday Weld) vor Augen, deren Beziehung nur noch nach außen

besteht. Deshalb taucht sie kurze Zeit später wieder in jener Singles-Bar auf, wo sie Tony sieht. Der allerdings verschwendet keinen Blick auf sie, wird gar ein wenig aggressiv, als Theresa ihn anspricht. Für Tony ist sie offensichtlich nur eine seiner vielen Affären, an Details erinnert er sich nicht mehr. In der Bar tritt er mit dem Gehabe eines Gossen-Gigolos auf, dessen Macho-Manieren brutal wirken. Tony ist der denkbar größte Kontrast zu James. Seine Person verspricht Abenteuer, verheißt Angst und Hoffnung. Mehr noch: Er drückt Sex pur aus. Theresa holt ihn deshalb in ihr Bett, wo Tony, der »italienische Hengst«, seine Aufgaben zu ihrer Zufriedenheit erledigt. Nicht Liebe ist es, was er offeriert, sondern reine Lust. Für Theresa ist es genau das, was sie sucht.
Jene erste Liebesszene zwischen den beiden, für Richard Gere immerhin auch die erste vor der Kamera, gab dem Akteur Gelegenheit, einige seiner später für ihn typischen Attribute vorzuführen. Innere Anspannung und vielleicht auch Zerrissenheit manifestieren sich in seinem Charakter, der zudem Kokain schnupft, in nervöser Bewegung. Er trommelt mit den Fingern auf den Kühlschrank, tanzt nur in Unterhose gekleidet wie wild durch Theresas Zimmer, nahezu ekstatisch. Der Kopf schwingt hin und her, die Augen blitzen, die Arme rudern, der Körper schlängelt sich – Richard Gere läßt verborgene, für den Moralisten vielleicht verbotene Fähigkeiten ahnen, deren Ausbruch sich Theresa wünschen mag. Er wirkt wie ein Verführer, vor dessen Verführungskünsten man ein wenig Angst haben muß. Er ist wie ein Schauer, der kalt den Rücken hinunterläuft. Seine unbändige Energie weist dabei aggressive Züge auf, die die Furcht vor ihm und seinen dunklen Seiten gerechtfertigt scheinen lassen. Vielleicht sogar vernünftig. Doch Theresa will nicht mehr vernünftig sein, sie ist angezogen von der selbstbewußten Ausstrahlung und der hyperkinetischen Energie. »Deine Hose ist offen«, sagt sie ihm. »Sicher, ich muß auch noch arbeiten«, entgegnet Tony ihr – ein Macho, wie er im Buche steht.

Anmache Stufe Zwei: Erster Kontakt...

Eigentlich reicht es Theresa jetzt. Sie will den etwas eitlen, egomanischen Straßenjungen Tony wieder loswerden. Doch der erweist sich als anhänglich, und Richard Gere zeigte schon früh, daß er mit wenigen Schritten oder Gesten einen Raum in Besitz nehmen kann. Tony ist plötzlich der Verführer, er zeigt Theresa, wie man Koks schnupft, er stellt Ansprüche. Aber er verspricht auch eine Gegenleistung – Sex. Anschließend verschwindet er, ein Eroberer, der ihm sicheres Terrain zurückzulassen glaubt.
Theresa versucht, James zu verführen. Doch dieser, der an ihrem strengen Vater mehr Interesse zu haben scheint als an ihr, weist sie zurück. Zweimal. Wieder geht sie in Bars, gabelt Männer auf und holt sie sich in ihr Bett. Plötzlich steht auch Tony wieder vor der Tür, begehrt Einlaß. Er führt sich auf, als

Anmache Stufe Drei: Diane Keaton hat angebissen

ob ihm die Wohnung gehöre. Da er augenblicklich pleite ist, will er bei ihr bleiben, meldet wie selbstverständlich Besitzansprüche an. Theresa schmeißt ihn raus. Fassungslos starrt er sie an, ungläubig, daß ihm eine Frau zu widersprechen wagt. Dann schlägt er zu, eine Prügelei beginnt. Später taucht er an Theresas Schule auf, verlangt Geld von ihr und versucht, sie zu erpressen. Der Bruder einer ihrer Schülerinnen wird Zeuge dieser Szene und schlägt ihn zusammen. Theresa fühlt, daß die dunklen Seiten ihres Lebens bedrohlich werden können. Zumal jetzt auch noch James ihr folgt wie ein Hund und sie heiraten möchte.

Am Sylvesterabend taucht Tony wieder bei Theresa auf. Er wird wütend, als sie ihm bedeutet, nichts mehr mit ihm zu tun haben zu wollen. Seine Wut steigert sich, als Theresa die

Polizei ruft. Wieder ist seine unbändige, aggressive Energie zu spüren, äußert sich in den fahrigen Bewegungen, die manchmal unkontrolliert wirken. Dann verschwindet er. Theresa zieht es wieder in eine Bar, wo James auftaucht. Auch er ist ihr lästig, deshalb sucht sie die Bekanntschaft von Gary (Tom Berenger in einer frühen Nebenrolle). Gary lebt vom Sex. Aus Berechnung ist er schwul, kurz zuvor hatte der Psychopath seinen Freund zusammengeschlagen. Doch davon ahnt Theresa nichts, als sie ihn vor James Augen mit in ihre Wohnung nimmt. Sie versuchen, miteinander zu schlafen. Als Gary damit Probleme hat, rastet er aus und bringt Theresa um.
»Ich bin im wirklichen Leben nicht aggressiv«, meinte Richard Gere später zu seinen eindrucksvollen Szenen. »Ich bin sehr schüchtern. Auch Diane Keaton war schüchtern. Sie war sehr nervös bei den Sexszenen. Ich war nervös bei *allem*. Ich kam in einen Film, dessen Dreharbeiten bereits begonnen hatten, und ich kannte niemanden. Wegen meiner eigenen Unsicherheit war ich den ersten Tag sehr angespannt«. (Davis). Diese Anspannung machte Tony Lopanto zu einer faszinierend anzuschauenden Figur. Gere setzte seine Nervosität um in eine magnetische Körpersprache, was ihm zum Teil begeisterte Kritiken einbrachte. Zum ersten Male attestierte man ihm eine einprägsame Leinwandpräsenz. Seine Darstellung wurde allgemein als überzeugend empfunden. Zur scheuen Theresa, der Diane Keaton eine verhaltene Intensität verlieh, stellte Richard Gere einen lebendigen Kontrast dar. LOOKING FOR MR. GOODBAR bezog seine Spannung nicht zuletzt aus beider Zusammenspiel, denn beide hatten die Intention des Films nicht nur verstanden, sondern auch verinnerlicht.

Gere erregte quasi über Nacht große Aufmerksamkeit. Zwar bestand seine Mitwirkung nur in wenigen Minuten Film, doch strahlten seine Auftritte eine selten zu findende Energie aus, die sein darstellerisches Potential erahnen ließ. Und er machte neugierig, weil er unberechenbar schien, ja gefährlich. Auf den Straßen von New York sah sich Richard Gere auf einmal mit dem Umstand konfrontiert, eine Bekanntheit zu sein. Die Leute verwechselten ihn mit seiner Rolle, sein Image als Sexidol bekam substantielle Nahrung. Seine Eltern wurden von Wildfremden angerufen, er selbst dauernd auf seine Rolle angesprochen. Auch die Presse hatte sich an seine Fersen geheftet. In dieser Zeit entwickelte er eine bis heute fortbestehende Abneigung gegen die Öffentlichkeit. Er beschloß, keine Interviews mehr zu geben und sich zurückzuziehen. Die Journalisten fanden seitdem immer wieder genügend Anlässe, ihm seine Haltung, seinen Wunsch nach Privatheit, als Arroganz auszulegen und entwickelten eine wirkliche Haßliebe, bei der die Abneigung allerdings überwog.

Erstaunen aber ließ ihn die Leichtgläubigkeit mancher Produzenten, die ebenfalls seine Rolle mit seiner Figur verwechselten. Gere wurde mit Angeboten, italienische Sexprotze zu spielen, förmlich überschüttet. Er mußte miterleben, wie die Industrie ihn in eine Schublade steckte und ihn auf eine bestimmte Rolle festlegen wollte. Doch natürlich suchte er nach weiteren darstellerischen Herausforderungen und lehnte alle entsprechenden Angebote ab. Der Erfolg des Films von Richard Brooks machte ihn zu einem »heißen« Akteur. Diese Chance wollte Gere für sich nutzen. Jetzt wollte er nicht mehr nur eine Rolle der Arbeit wegen annehmen, ohne darauf zu achten, worum es sich handelte. Jetzt wollte er sich mehr mit dem gesamten Film beschäftigen, wollte dessen Absichten kennenlernen und gutheißen können. Der Erfolg und das Wissen, von Millionen Zuschauern wahrgenommen zu werden, ließen ihn verantwortungsvoller reagieren. Neben rein schauspielerischen Kriterien zog er jetzt auch moralische bei seiner Rollenauswahl hinzu. Die angebotene Hauptrolle im Welterfolg MIDNIGHT EXPRESS zählte übrigens nicht dazu. Statt dessen aber eine weitere Rolle als »Italiener« in einem Film namens BLOODBROTHERS (Heißes Blut). Es war immer noch keine Hauptrolle, aber Richard Gere sollte seine Figur des Stony de Coco zur Hauptfigur machen.

Regisseur des Films war Robert Mulligan, der sich einen Namen als Schauspieler-Regisseur gemacht hatte. Die Besetzung war bereits nahezu vollständig, mit solch ausgezeichneten Charakterdarstellern wie Paul Sorvino, Tony LoBianco und Kenneth McMillan. Nebenrollen waren mit Danny Aiello und dem späteren Horrorfilm-Star Robert Englund (NIGHTMARE ON ELM STREET) besetzt. Als sich Gere für die Rolle interessierte, gab es ein Hindernis, das unüberwindlich schien. Stony sollte ein Achtzehnjähriger sein, Gere war indes schon zehn Jahre älter. Dennoch glaubte er, der Richtige für die Rolle zu sein. Die Skepsis des Regisseurs räumte er auf eine Weise aus, wie es nur ein Schauspieler konnte: Er führte ihm eine Szene vor. Sein Komplize dabei war Tony LoBianco, der im Film sein Vater sein sollte. Als Mulligan mit seinen Darstellern in einem Restaurant saß, tauchte dort auch Gere auf und ließ sich auf einen Streit mit LoBianco ein, dem die Anwesenden fasziniert zuschauten. Bis Robert Mulligan schließlich merkte, daß alles geplant war. Er gab Gere die Rolle, nachdem er für sich feststellen mußte, keinerlei Zweifel an Geres jugendlichem Alter gehegt zu haben. Tatsächlich spielte es im Film überhaupt keine Rolle, ob Gere achtzehn war oder nicht. Er ließ das Alter schlicht vergessen.
BLOODBROTHERS ist im Milieu italienischstämmiger Bauarbeiter angesiedelt und behandelt den Konflikt zwischen Vater Tommy de Coco und Sohn Stony. Der steht bald vor der Frage, sich für einen Beruf entscheiden zu müssen. Noch aber genießt er die süßen Seiten des Lebens, bevor es ihn in die Pflicht nimmt. Das Hemd bis zum Bauchnabel offen, ist sich Stony (und Gere) in einer Bar seiner Attraktivität bewußt. Mißmutig aber beobachtet er, wie seine Freundin Cheri (Kristine DeBell) sich mit einem anderen beschäftigt und seiner offenbar überdrüssig ist. Nur mühsam können ihn seine Freunde davon abhalten, sich mit dem anderen zu prügeln. Wieder zeigte Gere hier seine Qualität, eine innere Anspannung in fiebrige Bewegungen umzusetzen, Aggressivität

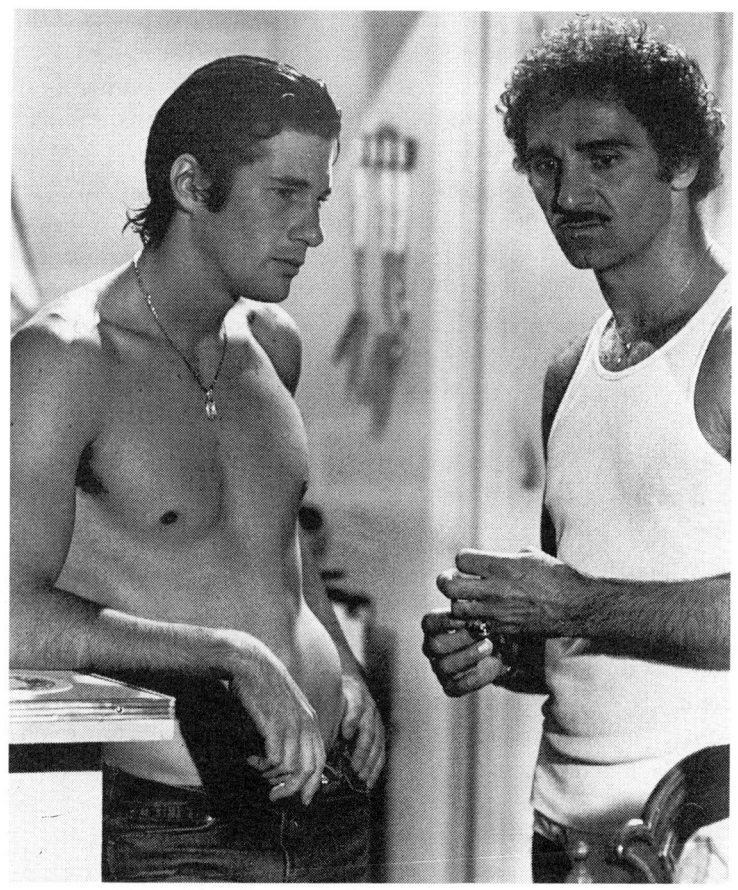

Vater-Sohn-Konflikt: Tony LoBianco und Richard Gere in ›Bloodbrothers‹

durch Gesten und Blicke eine faszinierende Intensität zu verleihen, die die alsbaldige Explosion erahnen läßt und nachhaltige Erleichterung produziert, wenn sie ausbleibt.

Stony überrascht Cheri mit Mott (Englund) in deren Wohnung. Während er Mott rausschmeißt, versammeln sich dessen Freunde und warten auf Stony, der kalte Füße bekommen hat. Er kann seinen Onkel Chubby (Sorvino) anrufen, der auch auftaucht und den lauernden Halbstarken mit einer wild geschwungenen Kette gehörige Angst einjagt. Diese praktisch geübte Männersolidarität läßt Stony vor Freude Luftsprünge machen. Hierin liegt eine Freiheit, die ihm sein Zuhause nicht bietet. Richard Gere wirkt ungeheuer agil in dieser Szene; einmal mehr dominiert das motorische, exakt kalkulierte Spiel seines Körpers über den psychologischen Ausdruck. Seine Beweglichkeit ließ ihn erheblich jünger wirken, als er in Wirklichkeit war. Regisseur Mulligan mußte schon bei seinem ersten Treffen erkannt haben, daß Gere ein Akteur ist, der bis zu einem gewissen Grade alterslos scheint.

Bei seinen Eltern, vor allem bei seinem Vater Tommy (LoBianco) findet Stony nicht das Verständnis wie bei seinem Onkel. Tommy regiert mit harter Hand. Ein kleiner Familien-Diktaktor, dessen Auftreten die Mutter Marie (Lelia Goldoni) bereits hat neurotisch werden lassen. Stonys kleiner Bruder Albert (Michael Hershewe) verweigert das Essen. Marie de Coco reagiert darauf hysterisch, der Vater mit Drohungen, nur Stony versucht, auf den Jungen und seine Probleme einzugehen. Gere, der zuvor noch verspielt herumtollte, legt hier eine spürbare Sensibilität an den Tag, erweist sich als ein Schauspieler der leisen Gefühle. BLOODBROTHERS gab ihm reichlich Gelegenheit, derartige Fähigkeiten auszuspielen. Nachdem die hysterischen Reaktionen der Eltern, aber auch die Zuneigung Stonys dem Jungen nicht helfen, geht die Familie zu einem Kinderpsychologen, der sofort die Gründe für Alberts Verhalten erkennt. Natürlich schlägt Marie die Ratschläge des Arztes in den Wind. Stony aber entdeckt bei dieser Gelegenheit sein Gefühl für kranke Kinder. Er nimmt ein Angebot des Arztes an, in der Klinik zu arbeiten. Unweigerlich kommt es zum Konflikt mit seinem Vater, dem es inzwischen gelungen ist, seinem Sohn die »Grüne Karte« (die Arbeitserlaubnis) als Bau-Elektriker zu besorgen. Er erwartet von Stony, daß dieser in seine Fußstapfen tritt. Nach dem Streit, bei dem Richard Gere es wiederum überzeugend versteht, hochkochende Emotionen bis an die Grenze zur Explosion zu spielen, in einer fragilen Balance zwischen Weinen und Gewaltausbruch, handeln Vater und Sohn einen Kompromiß aus. Nach einiger Zeit als Kinderbetreuer soll Stony probeweise auf dem Bau arbeiten. Im Krankenhaus gewinnt er rasch die Herzen der kleinen Patienten; Gere schien sich vor allem bei einer Szene besonders wohlgefühlt zu haben.

»Es gibt eine Szene in BLOODBROTHERS«, erinnerte sich Richard Price, der Autor der Romanvorlage, »in der Gere (...) in einem Raum voller Achtjähriger eine Gespenstergeschichte

Wirkte jünger, als er war: Gere als »Achtzehnjähriger«

erzählt. Er spricht mit einer spielerischen Geisterhaus-Stimme, und die Kinder bekamen große Augen vor Faszination. Am Ende hat er die Geschichte in eine Allegorie von Blutsbrüderschaft verwandelt. Trotz der potenziellen Sentimentalität dieser Szene, erhielt er eine *standing ovation* auf dem New Yorker Filmfestival« (Davis). Tatsächlich verstand es Gere nicht nur, ein Publikum zu fesseln, er erwies sich auch – trotz seiner geringen Erfahrung – als ein im Ausdruck höchst variabler Schauspieler, der keine großen Gesten oder mimischen Übertreibungen benötigte, um einen ganzen Reigen an Gefühlen auszudrücken. Regisseur Robert Mulligan spürte dies und stellte seinen jungen Akteur immer mehr in den Mittelpunkt seines Films.
Stony lernt Annette (Marilu Henner) kennen, eine Kellnerin mit dem Ruf, leicht ins Bett zu bekommen zu sein. Gespreizt wie ein Pfau präsentiert er sich in ihrem Zimmer, stolz darauf, seinen wohlgeformten, muskulösen Körper zeigen zu dürfen. Annette indes entpuppt sich als eine kluge, lebenserfahrene Frau, die bislang wenig Glück im Leben hatte. Stony erscheint ihr als ein Ausweg aus ihrer alltäglichen, emotionalen Misere, und so rät sie ihm, aufs College zu gehen und nicht auf den Bau. Doch Stony hat seinem Vater ein Versprechen gegeben. Er stellt fest, daß auf den Baustellen, wo Tommy ihn voller Stolz als seinen Nachfolger preist, eine trotz aller Rauhheit liebenswerte Männergemeinschaft besteht. Er freundet sich mit der kumpelhaften Atmosphäre in Banions Bar an und erlebt, daß sein Vater außerhalb der Familie in einer völlig anderen Welt lebt. Das entdeckt durch einen Zufall auch Marie, deren Hysterie pathologische Züge annimmt, als sie Beweise für Tommys Seitensprünge findet.
Derweil setzt sich Stony auf der Baustelle durch. Nach einer siegreichen Prügelei mit einem der Vorarbeiter entschließt er sich, zum Entsetzen von Annette, Elektriker zu werden. Tommy freilich ist zufrieden. Doch die Ruhe währt nur kurz. Tommy glaubt, daß Marie einen Liebhaber hat. Der gekränkte

Die Frau, das kluge Wesen: Marilu Henner versucht zu helfen

Macho prügelt seine Frau krankenhausreif. Erst jetzt erkennt Stony, daß er seine Familie verlassen muß, wenn er die Chance haben will, eine eigene Identität zu finden. Mit leisen Mitteln versteht es Richard Gere, Stonys Entschluß Gestalt annehmen zu sehen. Nur in seinen Augen spiegelt sich die Erkenntnis, in seinen Blicken liegt die Kraft dazu und zugleich der Schmerz darüber. Zusammen mit seinem Bruder Albert fährt Stony weg.

»BLOODBROTHERS hat eine Menge Herz«, meinte Gere später. »Es ist eine einfache, geradlinige emotionale Oper. Ich mochte das und kam damit klar« (Davis). Mulligans Film war in der Tat geradlinig und erzählte seine Geschichte ohne große Verschnörkelungen. Präzise wurden Milieu und Typen gezeichnet, wie sie Gere von den New Yorker Straßen kannte. Hier konnte er sich sein darstellerisches Material zusammenholen. Hier betrieb er seine Studien. Dennoch reagierte die Kritik äußerst verhalten auf seine Darstellung. Vielfach als Fehlbesetzung bezeichnet, als unglaubwürdig sogar, warf man ihm vor, seine darstellerischen Mittel geborgt zu haben: das Fahrige bei Robert De Niro, der in Scorseses MEAN STREETS in ähnlichem Milieu reüssiert hatte, und bei Marlon Brando die Sprechpausen. Vor allem hielt man ihn für eine schlechte Imitation des zur damaligen Zeit populären John Travolta, konzedierte ihm aber, noch auf der Suche nach der eigenen darstellerischen Identität zu sein.

Aus irgendwelchen Gründen mochte damals kein New Yorker Kritiker den jungen Richard Gere, der die Gelegenheit nutzte, für die Dreharbeiten des anschließenden Films YANKS nach Großbritannien zu fliehen. Angesichts der gewaltigen Häme war es kein Wunder, daß BLOODBROTHERS in den USA kaum mehr als eine Million Dollar einspielte – ein gewaltiger Mißerfolg, den Schauspieler und Film nicht verdient hatten. So stellt sich erst in der Rückschau heraus, daß Mulligans Arbeitersaga den Verdienst für sich in Anspruch nehmen kann, Richard Gere erstmals in den Mittelpunkt einer Handlung gestellt zu haben. Eine Herausforderung, der er sich durchaus gewachsen zeigte. Doch 1977 war es ihm noch nicht ganz gelungen, diesen Platz im Zentrum eines Films auch zu halten. Der britische Regisseur John Schlesinger, durch Filme wie SUNDAY, BLOODY SUNDAY, MIDNIGHT COWBOY oder MARATHON MAN berühmt geworden, suchte für eine sentimentale Geschichte aus dem Zweiten Weltkrieg einen Schauspieler im Stil eines Gary Cooper und hatte ihn schließlich in Gere gefunden. »Ich sprach mit jedem«, äußerte sich Schlesinger über seine Suche. »Pacino, Hoffman. Gere war der unverbrauchteste, interessanteste Schauspieler für die Rolle.

Es gab bei ihm eine Komplexität, die sich in seinen zuvorigen Filmen nicht gezeigt hatte. Eine gewisse Sensibilität und Schönheit« (Davis). Die achtmonatigen Dreharbeiten resultierten in einem Film, der ebenfalls ein Reinfall wurde. Eigentlich zu Unrecht, denn YANKS ist ein zwar altmodischer, aber auch ansprechender Film mit gelungenen Figuren und Handlungslinien.

1942: Amerikanische Truppen werden in Großbritannien stationiert, bevor sie zum Kampf gegen Hitlers Armeen auf den Kontinent müssen. Großbritannien bedeutet für diese jungen Soldaten eine letzte Ruhe vor der Schlacht, einen Übergang vom Frieden zum Krieg. Auch Matt (Gere) ist einer von diesen jungen Burschen. Er stammt aus der amerikanischen Provinz und ist von Beruf Koch. Wie seine Freunde ist auch Matt interessiert an den Mädchen aus der nahegelegenen Kleinstadt, denn es könnte seine letzte Liebe sein. Jean (Lisa Eichhorn), die Tochter eines Krämers, ist zwar mit einem britischen Soldaten aus der Nachbarschaft verlobt, doch einen Blick auf den attraktiven Matt wirft sie schon, als dieser eines Tages in ihren Laden kommt. Unter den Augen ihrer strengen, verbitterten Mutter (Rachel Roberts, mit der Gere schon 1975 in »Habeas Corpus« auf einer Broadway-Bühne gestanden hatte) wagt sie es nicht, ihre Neugier deutlicher zu zeigen. Zumal Matts erster Auftritt gleich einen Tritt ins Fettnäpfchen bedeutet, für den er sich aber mit entwaffnendem Charme sogleich entschuldigt.

Jeans vorsichtige Neugier wird von Matt erwidert. Sein Blick verspricht Aufrichtigkeit, Einfachheit, aber auch sinnliche Leidenschaft. Während sich beider Beziehung aus ihren Blicken erahnen läßt, sind sich der US-Offizier John (William Devane) und die vornehme »Strohwitwe« Helen (Vanessa Redgrave) nicht nur geistig nähergekommen. Sie haben eine Romanze miteinander, die von gegenseitigem Respekt und jeweils unglücklichen Ehen bestimmt ist. Es ist eine Beziehung zwischen reifen Menschen, die am Ende indes nicht die

Kraft finden, sich aus ihren Verhältnissen zu lösen. Helen bleibt bei ihrem Mann, als dieser aus dem Krieg zurückkehrt, während sich John zwar scheiden läßt, aber auch freiwillig zur Front meldet.
Schlesinger schildert das Verhältnis der beiden mit großer Sensibilität und deutlicher Sympathie. Vanessa Redgrave und William Devane bestechen mit Einfühlungsvermögen und lebendiger Spiellaune. Sie bringen, bei aller Zurückhaltung, doch eine gewisse Dynamik in den getragen dahinfließenden Rhythmus des Films. Eine Dynamik, die man eigentlich eher von Richard Gere erwartet hätte, der in all seinen Szenen von erstaunlicher Reserviertheit ist. Nur selten löst er sich daraus. Als er beobachtet, wie zwei Soldaten Jean im Foyer eines Kinos belästigen, wird er gewalttätig. Es ist der Beginn ihrer Beziehung. Richard Gere erfüllte den Wunsch seines Regisseurs, eine Art zweiter Gary Cooper zu sein, indem er die auffallendsten Merkmale der *leading men* der vierziger Jahre nachvollzog.
Blicke und Lächeln sind sanft, er ist ein Romantiker. Mit einem Unterschied: Hatten die Darsteller aus den Vierzigern diese Attribute irgendwie verinnerlicht, so muß Gere sie spielen. Dies tut er mit einem feinen Gespür für jene Grenzen, die Sentimentalität von Lächerlichkeit trennen. Denn als Koch von Fast-Food-Gerichten ist es schwer, romantische Gefühle glaubhaft zu zeigen. Bei ihrem ersten Rendezvous erzählt er Jean von seinem Traum, ein Motel zu errichten und später dann daraus eine Hotelkette zu machen. Es sind naive Träume einfacher Menschen, denen aber jegliche Larmoyanz fehlt.
Jeans Eltern sind gegen die Verbindung, sie bleiben skeptisch auf ihre Moral bedacht. Auch ein Besuch Matts bei ihren Eltern kann diese nicht gänzlich überzeugen. Zwar bewundern sie seine Höflichkeit, doch die Unterschiede zwischen den Gesellschaften sind zu groß. Während die Amerikaner die Freiheit zur Tugend gemacht haben, hängen die Briten an der Tradition. Als Jeans Freund Kenny (Derek Thompson) auf

Heimatbesuch kommt, verloben sich die beiden. Enttäuscht und ohne Verständnis betrinkt Matt sich und sucht Streit mit Engländern. Sein Freund Danny (Chick Vannera) kann gerade noch das Schlimmste verhindern. Danny ist glücklich, denn er hat in Jeans Freundin Molly (Wendy Morgan) die Frau fürs Leben gefunden. Beide sind einfache, unkomplizierte Menschen mit aufrichtigen Gefühlen. Sie machen sich wenig Gedanken um kulturelle Unterschiede, denn sie lieben sich einfach nur und wollen zusammen sein. Bevor die Amerikaner an die Front müssen, heiraten Danny und Molly.

Die kulturellen Unterschiede machen es indes für Jean und Matt nicht leicht. Nachdem Kenny wieder fort ist, feiern sie

›Yanks‹ in England: Richard Gere und William Devane

gemeinsam das neue Jahr 1943. Es ist eine große Feier, bei der es zu einem unschönen Zwischenfall kommt, als ein Streit zwischen weißen und schwarzen US-Soldaten ausbricht, Matt untätig zusieht, weil auch er als Südstaatler ein Rassist ist und von Jean dafür kritisiert wird. Matt verliert vollends seine gute Stimmung, als Jean, und mit ihr andere Engländerinnen, die schwarzen Soldaten zum Tanz auffordern. Später aber entschuldigt er sich und versucht, ihr seine Gründe verständlich zu machen. Er verspricht, sich in Zukunft zu ändern. Dennoch scheint die Beziehung zwischen Matt und Jean keine Zukunft zu haben, sie wird von Ungewißheit dominiert. Jean hat Angst, eine tiefere Bindung einzugehen, denn sie weiß weder, ob Matt ihre Gefühle erwidert, noch ob sie ihn jemals wiedersehen wird, wenn er an die Front muß. Ihre Pläne für eine Amerika-Reise sind Träume, das weiß Jean. Als sie dann die Nachricht von Kennys Tod erhält, weiß sie nicht, ob sie lachen oder weinen soll. Zumal ihr dann auch noch ihre Mutter die Schuld daran gibt. Doch nun gibt es ein Hindernis weniger in ihrer Beziehung zu Matt, mit dem sie jetzt ihre erste Liebesnacht verbringt. Es verspricht, eine Nacht voller Zärtlichkeit und Rücksichtnahme zu werden.

Einmal mehr präsentierte sich Richard Gere hier als der führende Leinwand-Liebhaber der späten siebziger Jahre. Er bildete bereits seine Helden für die kommenden Achtziger heraus. Ein Romantiker, der Rücksicht auf seine Partnerin nimmt. Kein Softie, sondern ein empfindsamer Mann. Richard Gere verkörperte in Schlesingers Film YANKS diese neue Art von Held. Die Frau nimmt Einfluß auf seine Entwicklung. Sie bringt ihn dazu, Gefühle zu äußern oder bestimmte Handlungen vorzunehmen. Geres Figur bleibt sympathisch, trotz einiger Schwächen, weil sie für sich selbst steht und keine Mühe hat, eigene Fehler zuzugeben. In Richard Gere fanden Helden dieser Art ihre ideale Verkörperung, mehr noch als in John Travolta, der in SATURDAY NIGHT FEVER damit begonnen hatte, den Helden trotz aller Schematik des Films mehrdimen-

Der führende Leinwand-Liebhaber der späten siebziger Jahre: hier mit Lisa Eichhorn

sional anzulegen. Es ist keine Überraschung, daß Rücksichtnahme und Vorsicht Matt davor zurückschrecken lassen, seine Liebesnacht mit Jean zu vollenden. Er hat Angst vor den Konsequenzen. Bei der Hochzeit von Danny und Molly rennt die verletzte Jean davon. Als Matt sie findet, gesteht er ihr seine Liebe, bekennt aber auch, für sie noch nicht bereit zu sein. Ihnen bleibt nur die Trennung.

Der Abzug auf den Kontinent steht bevor. Jeans Mutter ist inzwischen gestorben und wird am Tage des Abzuges beerdigt. Jean wartet auf ein Zeichen von Matt, das auch wirklich eintrifft. Ihr Vater ist es, der sie fortschickt. Sie fährt zum Bahnhof in der Hoffnung, Matt noch einmal zu sehen. Dort trifft sie Molly, die ihren Danny sucht. Auch Matt und Danny warten voller Ungeduld darauf, Frau und Freundin noch einmal zu sehen. Erst in letzter Sekunde, aus dem fahrenden Zug heraus, können die beiden Pärchen kurze Blicke austauschen. Ihre Zukunft bleibt ungewiß, einzig in Matts Blick liegt eine gewisse Hoffnung.

Schlesinger wußte um die Attribute seines jungen Stars. Immer wieder zeigte er daher, wie auch hier am Filmende, Geres Augen, machte sie zu Fixpunkten seiner romantischen Geschichte. Bewußt inszenierte er Geres Blicke, sein Lächeln, und ließ seinen Hauptdarsteller eine Figur schaffen, die leidenschaftlich sein kann, doch auch die Turbulenzen einer unsicheren Jugend verströmt, auf der Suche nach der eigenen Identität und nach Idealen. Hier, in YANKS, stehen diese Ideale nicht im Widerspruch zur Gesellschaft. In späteren Filmen suchen die Figuren Geres nach einer Wahrheit, die sie in Konflikt bringt zu ihrer Umgebung. Aus dem romantischen Helden wurde dann der Rebell.

Gere selber suchte in der Figur des Matt seine eigene Identität. »Es lag eine gewisse Unschuld in der Figur. Ich mußte daran denken, wie wohl mein Vater gewesen sein mag. Das ist ein Gesichtspunkt, der uns sehr fremd und der überhaupt nicht zynisch ist... Matt erinnerte mich sehr an meinen Vater. Mein Vater hat dieselbe Offenheit und Aufrichtigkeit. Und er besitzt eine grundsätzliche Bereitschaft, Verantwortung zu übernehmen, so wie Matt die emotionale Verantwortung für das Mädchen übernimmt« (Davis). Auf die Rolle hatte sich Gere daher in Gesprächen mit seinem Vater über dessen Jugend- und

Kriegserfahrungen vorbereitet. Überdies recherchierte er in Soldatenküchen und Offiziersmessen. Sehr hilfreich waren ihm alte Fotos, die seinen Vater in einer Navy-Uniform zeigten. Gere benutzt häufig Photos, um sich eine bestimmte Figur anzueignen, sich in sie hineinversetzen zu können. Seine Vorbereitungen korrespondierten mit der Detailgenauigkeit Schlesingers, die dem Film eine sehr authentische Atmosphäre verlieh. Das machte die Dreharbeiten für alle Beteiligten schwierig. Die Tage dauerten lange und ermüdeten vor allem die Schauspieler. Richard Gere verlor den Überblick über das Projekt, war zudem damit beschäftigt, sich permenent in eine andere Zeit versetzen zu müssen, und war am Ende überrascht, welch einfühlsamer Film dabei herausgekommen war. In späteren Interviews lobte er YANKS immer wieder.

Als der Film schließlich im Herbst 1979 fertig war (die Dreharbeiten hatten am Ende acht Monate gedauert), waren die Erwartungen hoch. Vor allem bei Richard Gere, der neben Schauspielern wie Vanessa Redgrave oder William Devane vom Rand in den Mittelpunkt des Films gerückt war und dessen Durchbruch YANKS nun bringen sollte. Doch der Film wurde an der Kinokasse ein Reinfall. In den USA spielte er gerade mal drei Millionen Dollar ein, nicht einmal die Hälfte der Produktionskosten. Die Kritiker reagierten höchst verhalten, sahen in Schlesingers Film eine übertrieben altmodische Liebesgeschichte, deren Protagonisten zwar sympathisch, aber auch leblos seien.

Gere erlebte erneut die gespaltene Haltung der Kritiker seiner Person gegenüber. Es gab an seiner Darstellung eigentlich nichts auszusetzen, dennoch wurde ihm allgemein vorgehalten, nicht genug aus seiner Rolle gemacht zu haben. Seine physische Präsenz und die Intensität seiner dunklen Augen wurden wahrgenommen, seine emotionelle Ausdruckskraft indessen übersehen, ja sogar in Frage gestellt. All das klang nicht ermutigend für das junge Talent, das nun schon mit mehreren bekannten Regisseuren Reinfälle erlebt hatte. Seine

Karriere befand sich erneut an einem Wendepunkt. Es schien, als hätten die Ausflüge in die Mitte der Leinwand nichts Grundsätzliches geändert. Richard Gere war kein Star, sondern nur ein Schauspieler. Man würde ihm keine Hauptrolle in einem teuren Prestige-Projekt anvertrauen. Er würde wohl nur eine Randfigur bleiben.

Die großen Rollen bekam der vom Typ her verwandte John Travolta, das glaubhafte Abbild einer städtischen Jugend, die den alltäglichen Sorgen entkommen wollte und ihre Frustrationen in der Musik auslebte. Das alles blieb indes sauber, ohne tiefergehende Brüche. Die psychischen Dämonen blieben bei Travolta unter Kontrolle, bei Gere hingegen kamen sie auf verstörende Weise gelegentlich zum Vorschein. Seine Dynamik hatte nichts mit dem tänzerischen Ausdruck eines John Travolta gemeinsam; sie war vielmehr von gefährlicher Kraft und möglicherweise auch destruktiver Energie. Davon wollte sich das Publikum zunächst nicht verstören lassen. Daher erhielt Travolta bereits Millionengagen und hatte – noch – Erfolge, während Gere für seinen nächsten Film nur 350.000 Dollar bekam und den Produzenten noch nicht als *bankable* erschien. Doch Gere konnte Travolta dennoch eine Rolle wegnehmen. Der Film sollte Schlagzeilen machen und Geres Image bis heute prägen.

AMERICAN GIGOLO ist die Geschichte einer männlichen Prostituierten, eines Edel-Strichers. Deshalb lehnte John Travolta die Rolle auch ab. Doch der Autor und Regisseur Paul Schrader, durch sein Skript zu Scorseses TAXI DRIVER einer der teuersten Hollywood-Schreiber, wollte von Anfang an Richard Gere besetzen. Zunächst war das Paramount-Studio mit Schraders Wahl einverstanden. Doch der überragende Erfolg von SATURDAY NIGHT FEVER und der lateinische Typ Travoltas führten zu einer Änderung der Präferenzen. Mit einer entsprechend hohen Gage hoffte man, Travolta für die Rolle zu gewinnen. Richard Gere erlebte eine erste, tiefe Enttäuschung und erfuhr, wie wenig ein Schauspieler wert ist, der den Erfolg nicht unbedingt garantierte. Niemand scherte sich um seine psychische Verfassung. Währenddessen stieg das Budget angesichts der erwarteten Mitwirkung Travoltas auf über neun Millionen Dollar. Aufwendige Bauten wurden konstruiert, und der Top-Designer Giorgio Armani kreierte eine eigene Garderobe für die Figur des Julian Kay.

Doch dann kam alles anders. Travolta hatte einen Mißerfolg mit MOMENT BY MOMENT und fürchtete sich vor dem Image, das Schraders Film erzeugen könnte. Er zog seine Zusage zurück. Schrader brachte umgehend seine ursprüngliche Wahl Gere wieder ins Gespräch. Dieses Mal sollte er die Rolle wirklich bekommen. Umgehend stürzte er sich in die Vorbereitungen, las entsprechende Herren-Modemagazine, besuchte teure Läden und Bars. Sehr schnell fühlte er sich in die

Der ›American Gigolo‹ bei der Arbeit (mit Patti Carr)

Figur ein. »Als Richard wieder dabei war, konnte ich wieder einen richtigen Film machen«, rekapitulierte Schrader, »eine Geschichte über Menschen und Themen. An einem Tag stellte Richard all die Fragen, die John in sechs Monaten nicht gestellt hatte« (Davis). Die Identifikation mit der Rolle ging weit. Gere trug auch nach Drehschluß die Armani-Garderobe, um das Gefühl zu bewahren, wie er sich darin bewegen mußte. Es war eine Arbeit, die ihm hohe Konzentration abverlangte, wie bei den meisten Filmen, in denen er spielte. Gere liebt es daher nicht, wenn Journalisten oder andere nicht zum Team gehörende Leute den Set besuchen, es stört ihn geradezu. Vor allem, wenn es – wie hier – sehr freizügige Szenen gibt.

Zur Musik von Blondie (»Call Me«) fährt ein Mercedes-Cabrio über den kalifornischen Highway Number One. Am Steuer sitzt Julian Kay (Gere), eine elegante Erscheinung, die Aufmerksamkeit hervorruft, wie sich gleich anschließend am mondänen Rodeo Drive zeigt. Julian arbeitet in der Agentur von Anne (Nina Van Pallandt), die für exquisite Kunden Callgirls und -boys vermittelt. Er ist die Nummer Eins in ihrem Geschäft, völlig von sich selbst überzeugt, weshalb er von ihr fünfzig Prozent Anteil verlangt. Doch seine Nebengeschäfte trüben die Beziehung zu Anne.

Ein Zufluchtsort für ihn ist seine höchst geschmackvoll und teuer eingerichtete Wohnung, hier fühlt sich Julian frei. Hier auch lernt er schwedisch – andere Sprachen beherrscht er schon – und trainiert seinen Körper. Szenen, in den Richard Gere zeigen konnte, wie durchtrainiert er selber war. So überzeugend gespielt, daß man eine gewisse Freude des Schauspielers an sich selbst zu spüren glaubt. Immer wieder blickt Julian in den Spiegel, bewundert sich – der natürliche Narzismus des Schauspielers findet hier einen gelungenen Ausdruck. Während Geres Mienenspiel von ironischer Distanz gekennzeichnet ist, sind seine Bewegungen typisch für ihn: rastlos, ein irgendwie schwebender Gang.

In einer Luxusbar trifft Julian die aparte Michelle (das Ex-

Revlon-Model Lauren Hutton). Er glaubt, in ihr eine potentielle Kundin zu haben, ist aber enttäuscht, als sie ihm antwortet, verheiratet zu sein. Mehr noch, Julian ist schockiert, denn Michelle überrascht ihn mit ihrer Direktheit. Sie will ihn kaufen, will mit ihm schlafen. Und dies trägt sie in einer Sprache vor, die nicht zu ihrer vornehmen Erscheinung paßt. Julian, der Gentleman, empfindet dies als Entwürdigung und zieht von dannen.

Bei einem anderen Job hat er weniger Skrupel. Vor den Augen eines Ehemannes soll er mit dessen Frau schlafen. Mehr noch, man verlangt Gewalt von ihm. Jobs wie diese – eines seiner Nebengeschäfte mit dem Dealer Leon (Bill Duke) – vermiesen ihm den Spaß an seiner Arbeit. Leon warnt ihn: Auch Julian sei nicht ewig attraktiv. Einen Ausgleich findet er darin, seine Erscheinung zu kreieren. Berühmt wurde jene Szene, in der der Gigolo seine diversen Armani-Anzüge mit seinen Hemden und Krawatten auf dem Bett ausbreitet, um eine ansprechende Kombination zu finden. Immer wieder überprüft er sich dabei vor dem Spiegel. Da taucht Michelle in seiner Wohnung auf, ihr Verhältnis beginnt. Michelle hat beschlossen, sich Julian zu nehmen. Und der merkt kaum, daß er sich in sie verliebt. Immer wieder seine Kunden: Mit einer reichen älteren Lady besucht er eine Galerie, berät sie beim Kauf von Antiquitäten. Er ist ein Fachmann für Geschmack und ein Spezialist für peinliche Situationen. So spielt er den schwulen Kunstkenner, als seine Begleiterin eine Bekannte trifft, die ihn voller Neugier mustert.

Ohne es zu wissen, gerät er in Schwierigkeiten, denn die Frau, mit der er vor den Augen ihres Mannes schlafen sollte, ist ermordet worden. Doch noch macht er sich darüber keine Gedanken. Michelle nimmt ihn immer stärker in Anspruch. Sie ist die frustrierte Ehefrau des Senators Charles Stratton (Brian Davies) und hatte zunächst nur nach einem Zeitvertreib gesucht. Doch dann verliebt auch sie sich in Julian. Es kommt zu einer heftigen Liebesszene – die Geres Ruf als männliches

Sexsymbol nachhaltig begründete. Für einen Hollywood-Schauspieler ungewöhnlich, ist er völlig nackt zu sehen. »Lauren war bei dem Gedanken an die Liebesszene völlig eingeschüchtert und bedeckte jeden Teil ihres Körpers, der nicht von der Kamera gezeigt wurde«, erinnerte sich Schrader an die Dreharbeiten. »Aber Richard wollte den Sex viel direkter, als er war, und arbeitete den ganzen Tag nackt. Ich würde sagen, Richard hat ein sehr entspanntes Verhältnis zu seinem Körper« (Davis). Schon früh hatte Gere ein ungezwungenes Verhältnis zur Nacktheit. Sein Auftritt läßt eine selbstsichere und natürliche Beziehung zum eigenen Körper spüren. Vor allem deshalb überzeugt er als ein Schauspieler, der seinen Körper einzusetzen versteht. Immer wieder werden denn auch in Kritiken sein Körperspiel und seine Bewegungsabläufe hervorgehoben. Im Grunde eine einseitige Betrachtungsweise, denn Richard Gere vermag es durchaus, auch mit seiner Mimik ausdrucksstark zu agieren.

Julian, der Profi-Liebhaber, erklärt Michelle seine Philosophie. Er begreift seine Liebesdienste als eine Art Sozialarbeit. Und er möchte so lange und so intensiv davon profitieren, wie es sein Äußeres und sein Alter zulassen. Detective Sunday, gespielt von Hector Elizondo, der bei Geres späterem Comeback PRETTY WOMAN den verständnisvollen Hotelmanager spielte, taucht auf. Die Ermittlungen im Mordfall jener Frau haben zu Julian geführt. Durch seine Diskretion bekommt er Schwierigkeiten. Denn sein Alibi ist eine verheiratete Frau. Noch hat sich der Verdacht gegen ihn nicht näher konkretisiert, doch Sunday wird auf seiner Fährte bleiben. Eine merkwürdige Beziehung zwischen beiden entwickelt sich. Der Polizist verachtet (und bewundert zugleich) den Callboy für seine Affären, dieser wiederum hält ihm seine miserable Garderobe vor. Dennoch, die Schlinge um Julians Hals wird enger. Deshalb sucht er Hilfe bei Anne, die wütend auf ihn ist, weil er an ihr vorbei Nebengeschäfte tätigte. »I've got to get moving«, entschuldigt er sich – »ich muß immer in Bewegung

Der Dealer (Bill Duke) warnt den ›Mann für gewisse Stunden‹

sein«. Anne verlangt von Julian, daß er wieder exklusiv für sie arbeitet, obgleich sie ihn für den Mörder hält. Auch Michelle setzt ihn unter Druck, sie will ein Liebesbekenntnis hören. Doch dazu ist Julian nicht fähig. Sofort verkrampft er sich innerlich; äußerlich werden seine sonst so weichen Bewegungen verhalten und stockend.
Es kommt zu einer Gegenüberstellung bei der Polizei. Mit einem Trick gelingt es Julian, die Aufmerksamkeit des Zeugen auf einen anderen zu lenken. Doch es ist nur ein kurzer Aufschub, denn Sunday hält ihm vor, daß sein Mercedes gesehen wurde. Zudem hat er bei Julian einen Gegenstand gefunden,

auf dem sich die Fingerabdrücke der Toten befanden. Julians Unbeteiligtheit, seine fast arrogante Selbstsicherheit gerät ins Wanken. Jene Frau, mit der er zusammen war, leugnet die Begegnung. Nun hat Julian kein Alibi mehr. Zudem findet er heraus, daß er beschattet wird. Auftraggeber ist Michelles Mann, der ihm droht, falls er noch einmal seine Frau wiedersähe. In seiner Not geht Julian zu Leon, der ihm seinerzeit den Auftrag gegeben hatte. Leon willigt ein, Julian ein Alibi zu besorgen, wenn dieser wieder für ihn anschaffen geht.

Noch einmal taucht Michelle bei ihm auf, kündigt an, für zwei Monate zu verreisen. Julian wirkt uninteressiert, denn inzwischen ist ihm klar, daß Belastungsmaterial in seiner Wohnung sein muß. Tatsächlich findet er den verschwundenen Schmuck der Ermordeten. In hektischer Betriebsamkeit hatte er dazu seine ganze Wohnung auf den Kopf stellen müssen – eine Szene mehr für Richard Gere, in der er seine Körperlichkeit ausspielen konnte. Als Julian dann noch die Verbindung zwischen Leon und dem Ehemann der Toten herausfindet, weiß er, daß er ganz auf sich allein gestellt ist. Mit nur wenigen Regungen, einem kurzen, ungläubigen Blick vermittelt Gere hier das ganze Dilemma seiner Figur – ein in die Enge getriebener Mensch, der bislang nur für den oberflächlichen Schein gelebt hat und nun entdeckt, daß sich dahinter ein Abgrund verbirgt und er keinen Ausweg mehr besitzt. Verzweifelt fährt er zu Leon, bietet sich ihm flehend an, doch Leon entgegnet ihm nur, er sei das richtige Opfer des Komplotts, weil sich keiner um ihn schere, weil er ganz allein auf der Welt sei. Bei dem anschließenden Handgemenge zwischen den beiden stürzt Leon vom Balkon. Nun ist Julian tatsächlich schuldig geworden. Er resigniert.

Im Gefängnis indes hat er sich seine natürliche Eleganz bewahrt, obgleich er heruntergekommen wirkt. Sein Äußeres ist einmal mehr Spiegel seiner Psychologie. Verteidigen lassen will er sich nicht mehr, er hat aufgegeben, fühlt sich allein. Sein Schicksal scheint besiegelt. Dann eine überraschende

Wendung: Michelle ist es, die ihn rettet. Sie zahlt nicht nur die Anwälte, sondern verschafft ihm auch ein Alibi. Noch sind beide durch die Scheibe im Besuchszimmer des Gefängnisses getrennt, doch als sie ihre Hand darauf legt, legt Julian seinen Kopf daran. Von nun an wird er vielleicht nicht mehr allein sein. Denn Michelle ist die einzige, die Gefühle für ihn hegt. Der Film erregte sogleich die Gemüter und wurde an den Kinokassen ein moderater Erfolg. Zwar zählt AMERICAN GIGOLO inzwischen zu den Ikonen des US-Films und zu den wenigen, die eine Mode initiierten und den Massengeschmack beeinflußten, doch geliebt wurden Film und Darsteller nicht. Man erkannte die Star-Qualitäten Geres an, doch man bescheinigte ihm auch das Fehlen einer Persönlichkeit. Man

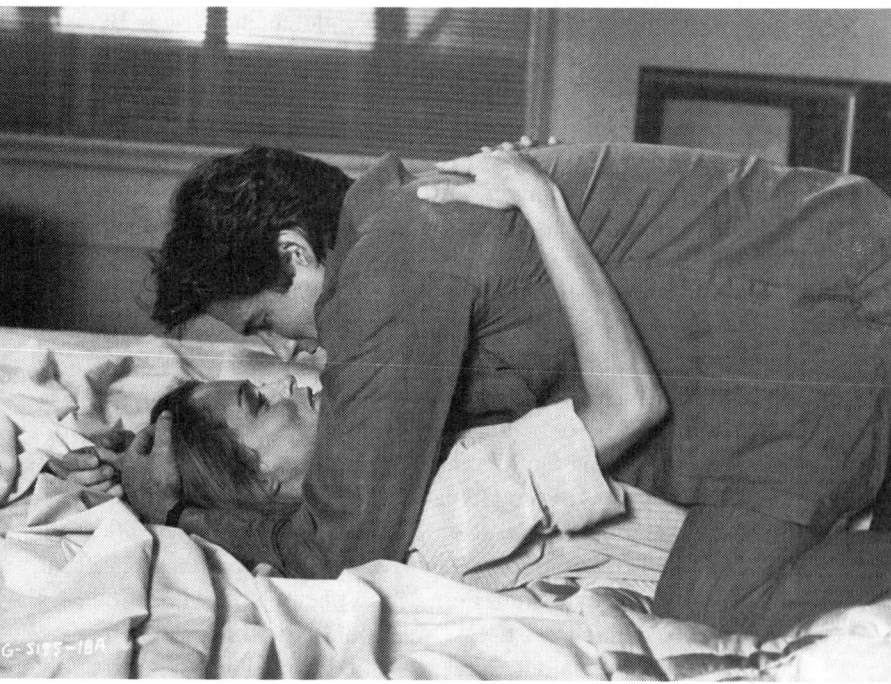

Es wird wahre Liebe: Lauren Hutton und Richard Gere

respektierte seine schauspielerischen Fähigkeiten und seine überzeugende Anpassung an die Rolle, doch viele konnten mit der Figur des Julian Kay nichts anfangen, sahen sie ins Leere rennen. Die Kritik bemängelte überwiegend, einem zwar erstaunlichen stilistischen Gestaltungswillen beigewohnt, doch einen Film ohne Gehalt gesehen zu haben.

Indes, für Richard Gere wurde AMERICAN GIGOLO tatsächlich zum Durchbruch. Endlich hatte er den weiten Weg vom Rande der Leinwand in ihren Mittelpunkt bewältigt. Der für ihn unangenehme Nebeneffekt: Immer wieder wurde er mit seiner Rolle verwechselt, immer stärker schob sich der Status des Sexsymbols vor den des Stars. Als ihn eine Reporterin des »Ladies Home Journal« nach seinem Gefühl fragte, ein Sexobjekt zu sein, ließ Gere als Antwort seine Hose herunter. Seine Auftritte in der Öffentlichkeit endeten in wüsten Beschimpfungen und Attacken vor allem den Fotografen gegenüber, deren bevorzugtes Objekt er geworden war. Der französische Fotograf und Filmemacher Raymond Depardon zeigte in seinem dokumentarischen REPORTERS das Presseopfer Richard Gere in Paris, immer auf der Flucht vor allzu neugierigen Linsen und Nasen. Denn sein Privatleben war der Klatschpresse nunmehr Schlagzeilen wert: Mit wem ging der *American Gigolo* aus, nach seinem Bruch mit Penelope Milford, der Freundin aus der harten Zeit des Off-Off-Broadway? Zu seinen Bekanntschaften zählten in dieser Zeit angeblich die Film-Designerin Diana Von Fürstenberg, Schmuck-Designerin Tina Chow oder die aus berühmter britischer Familie stammende Sabrina Guinness. »Richard war nie wirklich ein unanständiger Junge«, so Diana Von Fürstenberg. »Er sah wie einer aus und glaubte, einer sein zu müssen. Aber es war alles nur ein Spiel« (Sessums). »Um Richard zu verstehen«, so wurde er damals charakterisiert, »muß man wissen, daß er ein wirklicher Anmacher ist. Die manipulative Ehrlichkeit, die einnehmende Sexualität, die grundsätzliche Güte – er setzt alles ein« (Sessums).

Gere, der einerseits die Öffentlichkeit suchte, sie dann aber wieder zu meiden versuchte, stand in einem für ihn ungelösten Widerspruch, den er mit Aggressivität oder mit Rückzug lösen wollte. »Ich brauchte eine Weile, um mit meiner Vorstellung von mir fertig zu werden«, erinnerte er sich an eine schwierige Zeit. »Ich wußte nie, wie ich mich anziehen oder Jacken und Hemden miteinander kombinieren sollte. Bis zu diesem Film. Jeder erwartete jetzt von mir, wie Julian zu sein. Ich hatte Angst vor meiner Popularität. Ich traute dieser Aufmerksamkeit nicht, die mir jetzt entgegengebracht wurde. Deshalb verbarg ich meine Angst und meinen Argwohn hinter der Fassade des harten Burschen. Ich benutzte dieses Verhalten, um die Leute von mir fernzuhalten. Ich wollte allein sein« (Von Kursk).

Der Buddhismus bot ihm einen Ausweg. Jann Wenner, der Verleger des »Rolling Stone«, hatte ihn mit dem Dalai Lama bekannt gemacht, dem politischen und geistigen Oberhaupt der tibetanischen Buddhisten. Wenner, dessen Sohn Geres Patenkind ist, sah den Star ohnehin aus einer anderen, persönlicheren Perspektive. »Ich kannte mehr den anderen Richard, die etwas naive, sentimentale, gerne lachende Seite. Ich kenne nicht so sehr den verbissenen, reservierten, – in der letzten Zeit – sich windenden Typen. Aber Richard zweifelt nicht mehr so an seinem Erfolg wie früher. Eine Zeitlang hatte er Angst vor seiner Popularität. Seine Entscheidungen waren das Gegenteil von populär – er zog es vor, bei diesen obskuren Projekten mitzumachen. Er nahm sich seinen Erfolg übel, weil dieser frühe Erfolg mit der sexuellen Hitze zusammenhing, die er auf der Leinwand ausstrahlte. Er glaubte, daß seine künstlerische Qualität davon überdeckt wurde. Das überraschte ihn« (Sessums). Das Theater, die Hauptrolle in dem Stück »Bent«, bot ihm dagegen erneut die Chance, künstlerisch zu überzeugen. Er nutzte sie und kreierte eine seiner eindrucksvollsten Rollen.

Dennoch blieb mit seinem Namen bis in die neunziger Jahre

das Attribut Sexsymbol verbunden. »Ich habe *kein* Interesse, jemandes Vorbild in irgendeiner Weise zu sein. Und am uninteressantesten ist es dabei, ein Sexsymbol zu sein«, wehrte sich Richard Gere (Steinem).

Seine vielfältigen Talente, vor allem im musikalischen Bereich, sein Interesse an Philosophie, vor allem das dringende Bedürfnis, zu einem inneren Gleichgewicht zu finden, all das hatte ihn damals zum Buddhismus geführt. »Als ich 24 Jahre alt war, konvertierte ich zum Buddhismus, der auf Prinzipien zu beruhen schien, die mehr mit Glück als mit Leiden zu tun hatten. Eines der schwierigsten Dinge, die ich zu üben versuchte, war eine größere Toleranz und ein größeres Verständnis von Menschen. Ich fühle nicht mehr das Bedürfnis, mich vor der Welt zu schützen. Ich hasse immer noch den Verlust an Privatheit und Eigenständigkeit, der mit meinem Beruf als Schauspieler zusammenhängt, aber ich habe gelernt, mich von mir zu befreien. Damit meine ich, daß ich meinen Frieden mit dem geschlossen habe, was man Wirklichkeit nennt«, resümierte Gere einmal (Von Kursk). Seine intensive Beschäftigung mit den Prinzipien der fernöstlichen Religionslehre machten aus ihm auch einen politischen Menschen, der sich nicht nur aktiv für lateinamerikanische Flüchtlinge einsetzte, sondern auch der Vorsitzende des New Yorker Tibet-Hauses wurde, das sich um den Erhalt tibetanischer Kultur und Wissenschaft kümmert und versucht, Einfluß zu nehmen auf die Haltung der US-Regierung gegenüber dem chinesischen Regime.

Sein Engagement für das unterdrückte Tibet deckt sich mit seinem Eintreten etwa für die Sandinisten. »Die Geschichte der amerikanischen Außenpolitik ist eine Beleidigung der Menschheit. Warum gibt eine Regierung, die angeblich an die Freiheit und die Demokratie glaubt, diesen Glauben völlig auf, wenn sie Geschäfte mit China oder mit Verbrechern wie Somoza in Nicaragua, Marcos auf den Philipinen oder Noriega in Panama machen kann« (Von Kursk). Die Bekanntschaft

Gut drauf bei der Pressekonferenz anläßlich der Gründung des Tibet-Hauses am 28. September 1987 in New York: der Dalai Lama und der buddhistische Schauspieler

mit dem Dalai Lama, zu dessen Freunden er inzwischen zählt und den er zum Empfang des Friedensnobelpreises begleitete, ließ ihn die Welt mit anderen Augen sehen. »Er zeigte mir«, meinte Gere, »daß du unsere Schwierigkeiten mit der äußerlichen Welt verändern kannst, indem du deine innere änderst. Wenn wir in uns Frieden finden können, sind wir besser darauf vorbereitet, anderen zuzuhören oder mit ihnen darüber zu reden, wie die Welt verändert werden kann« (Von Kursk).

Immer bewußter nahm Richard Gere jetzt zudem das komplexe Verhältnis wahr zwischen seiner eigenen Persönlichkeit und den Rollen, die er spielte. Seine Kriterien, einen Film anzunehmen, wurden immer differenzierter. Zwar war er sich bewußt, nach AMERICAN GIGOLO einen Film machen zu müssen, der für ihn den endgültigen Durchbruch bedeuten würde, doch tat er sich noch schwer mit der Vorstellung, daß die Rollenerfahrungen sein eigenes Leben, sein eigenes Verhältnis zur Wirklichkeit aus dem Gleichgewicht bringen könnten. Er brauchte jetzt nichts dringender als einen Erfolg, der seinen neugewonnenen Starstatus eindrucksvoll – an der Kinokasse – bestätigte.

Gere hatte begriffen, daß das Filmgeschäft wie eine Achterbahn funktionierte. Ein Ausstieg ist nach Antritt der Fahrt nicht mehr möglich. Ist man einmal oben, begegnet man nur freundlichem Entgegenkommen. Ist man dagegen unten, fallen alle über einen her. Gerade letztere Erfahrung hatte er im Prinzip ja schon kennengelernt. Doch inzwischen war er einige Sprossen auf der Erfolgsleiter nach oben geklettert, der Wind wehte kräftiger.

Er kaufte eine neue Wohnung und fand eine neue Freundin in dem brasilianischen Model und der Malerin Sylvia Martins, Tochter einer wohlhabenden Familie. Sylvia Martins hatte ihn angeblich einfach nur angerufen und zu treffen gewünscht. Immer wieder, bis sie sich eines Abends »zufällig« über den Weg liefen. Wenig später war sie bei ihm eingezogen und übte offensichtlichen Einfluß aus. Denn aus Richard Gere, dem Rebell in der Gesellschaft, wurde ein ruhiger, zurückgezogen lebender Mann, der seine Rebellion nur noch auf der Leinwand auslebte. »Er ist einer der ambitioniertesten Menschen, die ich jemals getroffen habe«, erklärte Sylvia Martins nach ihrer Trennung acht Jahre später. »Ich verstand nie, warum er solchen Erfolg suchte und sich in der Öffentlichkeit dann so

aufführte wie am Anfang. Er war ein Sean Penn noch vor Sean Penn. Wenn Leute sein Autogramm haben wollten oder Mädchen angelaufen kamen, konnte er sehr unfreundlich zu ihnen sein. Zweimal zog er sogar seine Kleider aus – ließ er seine Hosen runter... Aber alles nur, um zu zeigen, wie ängstlich er in Wirklichkeit ist. Er hat soviel Angst davor, verletzt zu werden« (Sessums).
1981, AMERICAN GIGOLO lief erfolgreich in den Kinos, hatte Richard Gere endgültig Hollywoods Aufmerksamkeit erweckt. Jetzt fehlte nur noch der richtige Film, der ihn zum Superstar machen würde – oder aber in den Abgrund stürzen könnte. Tatsächlich war Gere zunächst vom Glück überhäuft. Denn sein nächster Film mit dem Titel AN OFFICER AND A GENTLEMAN sollte ein Megahit werden.

Endlich im Mittelpunkt

Am Anfang weiß man bei einem Gericht nie, ob die Zutaten die richtigen sind. Bei AN OFFICER AND A GENTLEMAN (Ein Offizier und Gentleman) waren sie es. Produziert vom Erfolgsproduzenten Martin Elfand, geschrieben von dem BLUE LAGOON-Autor Douglas Day Stewart und inszeniert von dem damals gerade heißbegehrten Taylor Hackford, schien der Erfolg fast sicher. Und er traf in einem Ausmaße ein, das alle Erwartungen übertraf. Die Hauptrolle des Zack Mayo schien wie maßgeschneidert für Gere. Nicht nur konnte er eine Figur verkörpern, wie sie das amerikanische Kino so sehr liebt, sondern er machte bei diesem Offiziersanwärter, der sich allen Schwierigkeiten zum Trotz erfolgreich durchbeißt, auch eine Wandlung sichtbar. Aus einer anfangs unsympathischen Figur formte er im Laufe des Films eine, an der die Zuschauer förmlich Anteil nehmen mußten.
Unsympathisch dagegen schien er seiner kapriziösen Partnerin Debra Winger geworden zu sein, die ihn nach den Dreharbeiten bei der Talkshow-Gastgeberin Barbara Walters als einen der schlimmsten Partner und Männer in ihrem Leben schalt. Wie auch immer Debra Wingers Erfahrungen mit Richard Gere ausgesehen haben, es änderte nichts an der Tatsache, daß er hier zu einer Rolle gefunden hatte, die ihm erlaubte, die eigenen darstellerischen Ansprüche wie auch das Bedürfnis des Publikums nach Heldenfiguren zu befriedigen. Endlich konnte er als Zack Mayo jene Distanz überwinden, die Kritiker bei ihm sahen. Endlich auch spielte er sich direkt in die Herzen der Zuschauer und etablierte sich als der romantische Liebhaber der achtziger Jahre schlechthin.
»Ich fühlte, daß Richard diese immense, innere Komplexität besaß; ich wollte damit umgehen und einiges davon aufdekken«, erinnerte sich Regisseur Taylor Hackford. »Ich hatte immer gespürt, daß Richard auf der Leinwand eine großartige

Zwei Offiziere, zwei Gentlemen: David Keith und Richard Gere

Präsenz aufwies, aber ich spürte oft auch eine Art von Scheu, daß er keinen an sich ran ließ. Als wir miteinander sprachen, mußten wir sehr ehrlich zueinander sein. Ich sagte ihm, daß ich hoffen würde, daß wir darüber hinaus kämen« (Davis). Regisseur Hackford verlangte von seinem Star viel und fand in ihm einem Partner, der bereit war, viel zu geben. Vor allem

in Szenen, die eine erhebliche physische Anstrengung erforderten. Er fand aber auch einen Schauspieler, der keine Scheu vor intimen und gefühlsbetonten, bis ins Sentimentale reichenden Szenen hatte. Von beiden gibt es viele in diesem Film, dessen großer Erfolg auch darauf zurückzuführen ist, daß er das Gefühl einer Zeit traf. »Ein rechter Film zur rechten Zeit«, wie »Der Spiegel« titelte (11.4.1983). Dabei ist das Rezept von AN OFFICER AND A GENTLEMAN geradezu schematisch.
Zack erlebt nach dem Tod seiner Mutter eine rauhe Kindheit an der Seite seines Vaters (Robert Loggia). Der ist Marinesoldat auf den Philippinen, wo Zack alsbald zusammengeschlagen, ausgenommen und verhöhnt wird. Der Junge erlebt mit, wie sein Vater sich nur für Nutten und reichlich Bier interessiert. Jahre später, wieder in den USA: Eines Morgens wacht Zack auf, blickt angewidert auf seinen besoffen im Bett schnarchenden Vater und dessen Freundin und beschließt, einem ähnlichen Schicksal zu entgehen. Er teilt seinem erstaunten Vater mit, als Offiziersanwärter auf eine der bedeutenden Marine-Akademien gehen zu wollen, um anschließend Pilot zu werden. Er erntet nur Hohngelächter. Selbst bei seinem Ausbilder Sgt. Foley (Louis Gossett jr, für seine Rolle mit einem »Oscar« ausgezeichnet) stößt er auf Ablehnung. Doch Zack ist entschlossen, allen Demütigungen zum Trotz, die Ausbildung zu beenden.
Als erstes muß er zusammen mit Sid (David Keith), Sprößling einer reichen Familie, wegen Lachens zur Strafe Liegestützen machen. Dabei fallen ihre Augen auf die Beine von Lynette (Lisa Blount) und Paula (Debra Winger), zwei Arbeiterinnen aus einer nahegelegenen Kartonfabrik, die sich gerne einen der Offiziersanwärter angeln und deshalb zum Empfangsball des neuen Jahrgangs kommen würden. Die Gedanken an Paulas Beine werden Zack durch den gnadenlosen Drill schnell ausgetrieben. Seine Physis allerdings ist hervorragend. Die Übungen geben Richard Gere Gelegenheit, seinen austrainier-

ten Körper immer wieder ins Bild zu rücken. Im Theorieunterricht tut sich Zack aber schwerer und ist auf die Hilfe von Sid angewiesen. Deshalb macht er mit ihm ein Geschäft, so wie er es von den Straßen Manilas her kennt. Zack verkauft neue Stiefel und Gürtelschnallen, was seinen Kollegen erspart, diese dauernd zu putzen. Doch Sympathie erringt er damit bei ihnen nicht, nur bei Sid, mit dem ihn eine immer stärkere Freundschaft und einige Gemeinsamkeiten verbindet. Zum Beispiel die Mädchen.
Auf dem Offiziersball lernen Zack und Sid Paula und Lynette endlich kennen. Aller Ziel ist klar, und so verläßt das Quartett den Ball recht bald. Es ist noch keine richtige Beziehung, die sich zwischen Zack und der zurückhaltenden Paula entwickelt, eher der Wunsch, gemeinsam der Eintönigkeit ihres Leben zu entkommen. Doch Zacks unterschwellige Aggressivität, von Gere auf die inzwischen zu seinem Charakteristi-

Zum Eingewöhnen: Liegestütze

kum gewordene physische Weise verkörpert, tänzelnd, mit zuckenden Schultern, steht einem harmonischen Verhältnis zunächst im Wege. Nach einer Schlägerei, bei der Zack blitzschnell und unvermutet seinen Gegner zu Boden schickt, wirft ihm Paula vor, keine Manieren zu haben, womit sie nicht Unrecht hat. Auch Sgt. Foley ist die besondere Art seines Rekruten aufgefallen. Er findet Zacks Depot an Schuhen und Gürtelschnallen, nachdem dieser einem Stubenkameraden die Herausgabe verweigert hatte, und verspricht, ihn fertigzumachen. Es kommt zum Straftraining am Wochenende. Schier unmenschliche Strapazen, die Zack zur Aufgabe zwingen sollen.
Tatsächlich drehte Richard Gere diese Szenen unter nahezu realistischen Bedingungen. Es wurde chronologisch gefilmt, Stück für Stück erlebte Richard Gere die physische und psychische Tortur seiner Filmfigur am eigenen Leib. Er demonstrierte seinem Regisseur seine unbedingte Disziplin, quälte sich wirklich bis zur Erschöpfung und verstand es dabei dennoch, auch zu schauspielern. In den Augen der Beteiligten offenbarte Gere einen ungewöhnlichen Professionalismus, der ihm um so schwerer gefallen sein muß, als ihn eine Rückenverletzung plagte. Regisseur Taylor Hackford äußerte sich später voller Bewunderung für seinen Star, zu dem er ein freundschaftliches Verhältnis entwickelte. Indes, einen weiteren gemeinsamen Film drehten sie seitdem erstaunlicherweise nicht mehr.
Obwohl Zack die Qualen des Straftrainings überstanden hat, will Foley ihn aus der Ausbildung werfen. Zack fleht ihn weinend an, seine Meinung zu ändern, denn die Armee und vor allem die Aussicht auf den Pilotenschein ist das Einzige, was ihn davon abhält, so wie sein Vater zu enden.
Die Armee, so die populäre Botschaft, ist eine wahre Heimat. Nach dem Debakel des Vietnamkrieges war AN OFFICER AND A GENTLEMAN einer der ersten amerikanischen Filme, der die Armee distanzlos als ein Mittel der individuellen Selbstfin-

Der Offizier trifft seine Paula: Debra Winger

dung präsentierte. Hier wird kein Held geschaffen, der für die Zuschauer unerreichbar wäre. Zack Mayo ist ein im Grunde normaler Mensch, mit ganz alltäglichen Sorgen und Freuden. Doch er zeigt einer Jugend und einer Gesellschaft, deren Werte damals durcheinander geraten waren, einen Weg auf, wieder Ordnung in ihr Leben zu bringen. Der Film kreiert auf diese Weise ein durchaus perfides Weltbild, zumal er in Richard Gere einen überzeugenden Darsteller gefunden hatte. Gere selber wird sich wahrscheinlich dessen gar nicht bewußt gewesen sein, und auch Taylor Hackford dürfte weniger an Ideologien denn an stimmige Unterhaltung gedacht haben. Doch zeigt sich in einer Szene wie der des Strafdrills, wie wahre Helden beschaffen sind – und vor allem, wer sie schafft. Zack überwindet zum ersten Mal seinen inneren Schweinehund, und eine Lektion in Solidarität (unter Männern) hat er gleich mitbekommen.

»Up where we belong« lautet der verheißungsvolle Titelsong für denjenigen, der im Amerika des Ronald Reagan, damals in seiner ersten Amtsperiode, den Aufstieg wagt. Wer nur hartnäckig genug ist, dem ist der Gipfel gewiß, wie dem im Song zitierten Adler. Dabei darf er durchaus *unmännliche* Schwächen zeigen. So führt erst die Verzweiflung bei Zack dazu, daß er in Tränen ausbricht – von Richard Gere im übrigen sehr glaubhaft und berührend gespielt. Einmal mehr zeigte er in dieser Szene, daß sein darstellerischer Ausdruck ein weites Spektrum aufweist und daß er in der Lage war, neben leisen Tönen auch kräftigere glaubhaft zu spielen.

Das Ende der Rekrutenausbildung rückt näher, der Höhepunkt der Geschichte kündigt sich an. Doch einem Happy End stehen noch einige Hindernisse entgegen, bei denen Zack seine Wandlung zum mitfühlenden Jungen von nebenan unter Beweis stellen darf. Da ist zum einen Paula, der Debra Winger eine erstaunliche Präsenz verlieh. Es wird ernster zwischen ihr und Zack. Aus ihrer anfänglichen Beziehung, die nur oberflächlich angelegt war und deren Ende absehbar sein sollte, wird zunächst bei Paula mehr. Sie hat sich in Zack verliebt, lädt ihn zu ihren Eltern ein, deren Ablehnung offenkundig ist. Wie Paula jetzt erfährt, gibt es dafür einen guten Grund. Denn sie selbst ist das uneheliche Kind eines Offiziersanwärters, der ihre schwangere Mutter damals hatte sitzenlassen. Zudem fällt ihr kein Mittel ein, Zack zu halten oder dazu zu bewegen, ihr seine Liebe zu gestehen. Als sie versucht, ihn anzurufen, läßt er sich verleugnen. Sie ist verzweifelt. Später begegnet sie ihm in einer Kneipe und bewahrt die Beherrschung, als Zack ihr mit demonstrativem Desinteresse entgegentritt. Ihre Stärke regt Zack auf; er hatte geglaubt, über sie triumphieren zu können. Eine Lektion für ihn, wie sich später zeigen wird.

Noch einmal aber steht ein hartes Training bevor. Zack will den Rekord brechen, und fast gelingt es ihm. Doch dann spielt ihm sein Gewissen einen Streich. Seeger (Lis Eilbacher), eine weibliche Rekrutin, droht an der letzten Hürde zu scheitern, was ihre gesamte Ausbildung zunichte machen würde. Zack kehrt nach überstandener Hürde um und treibt seine Kollegin an. Zwar erreicht er nicht mehr den Rekord, aber er hat Seeger geholfen, die Ausbildung bis zum Ende durchzustehen. Ein Sieg, der ihm inzwischen mehr wert scheint als der persönliche Erfolg. Bei seinem Freund Sid ist Zack aber weniger erfolgreich. Lynette behauptet, von Sid ein Kind zu bekom-

Weil er Richard Gere quälen durfte, bekam Louis Gossett jr. einen Oscar

men. Dieser faßt entgegen Zacks Rat den einsamen Entschluß, die Ausbildung abzubrechen und mit Lynette eine Familie zu gründen. Zack war an diesem Entschluß nicht ganz unschuldig, denn er hatte seinem Freund immer wieder geraten, seine Entscheidung eigenständig zu treffen, ohne Rücksicht auf die dominanten Eltern.

Sid fährt zu Lynette, die ihm kühl bedeutet, sich geirrt zu haben, als sie von seiner Entscheidung erfährt. Sids Heiratsantrag lehnt sie ab, denn sie möchte ihr Leben an der Seite eines Piloten verbringen, der sie aus ihrem bisherigen Leben befreit. Sid bietet ihr nur eine Zukunft als Ehefrau eines Versicherungsvertreters. Völlig deprimiert fährt dieser in ihr früheres Liebes-Motel und nimmt sich das Leben. Währenddessen ist Zack auf der Suche nach ihm. Er fährt zu Paula, die ohne Zögern mit ihm kommt. Sie suchen Lynette auf, die ihnen von Sids Heiratsantrag und ihrer Reaktion erzählt. »Du Fotze« schleudert ihr Zack ins Gesicht, und auch Paula wendet sich angewidert von ihrer Freundin ab. Als die beiden dann im Liebes-Motel eintreffen, ist es zu spät. Sid ist bereits tot – eine Szene, die Richard Gere erlaubt, in Großaufnahme die Betroffenheit seiner Figur auf emotional einfühlsame Weise darzustellen.

Jetzt will auch Zack das Militär verlassen, indes – der kluge Foley hindert ihn daran, weiß er doch, daß der ehemals unsolidarische Rekrut sich zum verantwortungsvollen Soldaten gemausert hat. Eine Rechnung aber ist noch nicht beglichen: Foley und Zack treffen sich zum Karate-Kampf unter Männern. Nachdem Zack seinem Ausbilder den Mund blutig geschlagen hat, tritt dieser noch einmal zu – und vollzieht eine symbolische Kastration. Zusammengekrümmt liegt Zack mit schmerzenden Weichteilen am Boden; die präpotente Männlichkeit ist ihm ausgetrieben. Deshalb auch kommt das Happy End zwangsläufig. Nach Empfang des Offizierspatents, bei dem Foley seine Rekruten mit einem feuchten Auge verabschiedet hat, fährt Zack mit seiner Harley in die Kartonfabrik.

Belohnung für den Gentleman

Alle sehen den stolzen Offizier in seiner strahlend weißen Uniform, nur Paula bemerkt ihn erst am Schluß. Da nimmt Zack sie in seine Arme und trägt sie unter dem Beifall der Belegschaft in eine glückliche Zukunft fern des Arbeiterdaseins.

»Weil ›Ein Offizier und Gentleman‹ ohne Blut, Pornographie, Bankraub und scheinbar ohne Politik auskommt«, schrieb Caroline Fetscher treffend im »Spiegel«, »stuft ihn die Kritik meist als harmlosen, leicht ideologisch angehauchten Unterhaltungsfilm ein. Das saubere Wirtschaftskrisenprodukt erweist sich jedoch als besonders perfider Träger nationaler Erziehung zur seelischen Mobilmachung«. Die 125 Millionen Dollar Einspielergebnis von AN OFFICER AND A GENTLEMAN bei seinem Kinostart in den USA etablierten Richard Gere nicht allein als einen Star erster Güte, sie bewiesen vielmehr, wie gelungen das Rezept war. Der hemmungslos auf Romantik setzende Film erzählte ein altes Hollywood-Märchen in neuem, modisch schicken Gewand. Die Gefühle in diesem Film sind elementar und einfach. Richard Gere transportierte sie mit einer bei ihm bislang unbekannten Menschlichkeit und Sympathie, die seine emotionale Indifferenz aus AMERICAN GIGOLO vergessen ließ.

Natürlich gab es wieder Szenen, bei denen Gere seinen Sex-Appeal beweisen konnte. Doch in den Szenen mit Debra Winger, die damals als aufregend empfunden wurden, inzwischen aber eher als prüde einzuschätzen sind, teilte sich auch ein Gefühl von Menschlichkeit und Partnerschaft mit, ein neuer Aspekt für Richard Gere. Für die Gere-Biographin Judith Davis waren diese Liebesszenen »so echt, daß sie die Pärchen im Publikum instinktiv einander berühren ließen und diejenigen, die sie alleine sahen, wünschen ließen, es gäbe jemanden besonderes«.

Für Debra Winger bedeutete der Film ebenfalls der Durchbruch. Zuvor war sie in URBAN COWBOY an der Seite des damaligen Gere-Gegenspielers John Travolta durch ihre bodenständige Natürlichkeit und (in der Originalfassung) durch ihr dunkles Timbre aufgefallen. Über Nacht wurde sie nach Hackfords romantischem Liebesfilm als neuer Erotik-Star gefeiert und erhielt sogar eine »Oscar«-Nominierung. Ihre frische Erscheinung und ihre spürbare Identifikation mit der Figur der Paula ließen sie zwar in der Folge zu einer der beliebtesten US-Schauspielerinnen werden, doch schuf sie sich auch den Ruf unberechenbarer Launigkeit. Obgleich ihre darstellerischen Fähigkeiten hoch einzuschätzen sind, verblaßte ihr Stern im Laufe der achtziger Jahre, und ihre Filmauftritte wurden spärlicher.

AN OFFICER AND A GENTLEMAN aber war zweifelsohne Geres Film. Nun war er endgültig und dauerhaft in den Mittelpunkt gerückt. Die Kamera liebte seine Erscheinung, sie erforschte seine Bewegungen und studierte sein Gesicht. Sie dokumentierte seine Blicke und seine Gefühle, die Gere immer zurückhaltend und deshalb um so intensiver vermittelte.

Der Offizier erbarmt sich der Proletarierin

Die amerikanischen Kritiker attestierten ihm, endlich sein Publikum auch gefühlsmäßig anzusprechen, sie bescheinigten seiner Darstellung eine geradezu zwingende Faszination und Überzeugungskraft, und sie verglichen ihn mit den großen romantischen Helden Hollywoods.

Der überwältigende Erfolg dieses amerikanischen Aufbau-Märchens auch in Europa machte Richard Gere zum heißesten Akteur jener Zeit. Jetzt standen ihm alle Türen offen, und er nutzte seine Macht auf sehr persönliche Weise. Von seinem Image ließ er sich dabei nicht beirren. »Bei meinen Rollen«, vertraute er dem »Rolling Stone« an, »habe ich versucht, mich nicht zu wiederholen. Mein festgefahrenes Image in den Medien hat mich eine Zeitlang gestört, weil ich glaubte, völlig mißverstanden zu werden. Aber dann merkte ich, daß das nichts mit mir zu tun hatte, daß ich glücklich war mit dem, was ich machte, stolz auf meine Arbeit und meine Entscheidungen« (Cott). Richard Gere ließ sich Zeit mit der Zusage für einen neuen Film. Denn nicht er suchte jetzt eine Arbeit bei den Studios, sondern diese wollten ihn verpflichten.

Die intensive Beschäftigung mit dem Buddhismus hatte ihn zu einem verschärften Bewußtsein für die Qualität und die Aussage eines Projektes geführt. Er war sich klar geworden, daß das Kino ein Massenmedium war und die Zuschauer nicht zuletzt seinetwegen einen Film sehen wollten. Das Theater war zu diesem Zeitpunkt keine Alternative für ihn; er wollte in Filmen spielen. Aber sie sollten eine Botschaft haben. Hollywood schien ihm dies nicht zu garantieren. Überdies suchte er nach schauspielerisch herausfordernden Rollen, die das Mainstream-Kino ebenfalls höchst selten offerierte.

Sein Interesse ging nun dahin, vielleicht mit einem europäischen Regisseur zu arbeiten. Als er noch auf den Off-Off-Broadway-Bühnen spielte, hatte er vor allem das neue deutsche Kino schätzen gelernt, Regisseure wie Rainer Werner Fassbinder, Werner Herzog oder Wim Wenders. In den USA schienen ihm Martin Scorsese und Francis Ford Coppola

interessant. Mit letzterem sollte er wenige Jahre später zusammenarbeiten. Andererseits aber garantierten die deutschen Filmemacher nicht unbedingt einen massenwirksamen Film mit einer Geschichte, die mit Geres Impetus korrespondierte, rebellische Charaktere zu spielen. Nicht zuletzt sein Agent Ed Limato führte ihm die Bedeutung mächtiger Studios vor Augen. Er verwies auf das richtige Verhältnis von künstlerischem Anspruch und kommerziellem Kalkül, das einzig die Studios mit ihren Möglichkeiten garantieren würden.
Richard Gere besaß nun die Macht, seine Vorstellungen durchzusetzen. Eine Chance, die er unbedingt nutzen wollte. Vielleicht, so Geres Gedankenspiele, indem er selbst einen Film inszenierte. Einblicke in das Filmemachen hatte er bei seinen bisherigen Dreharbeiten machen können. »Wenn ich nicht in einer Szene bin, hänge ich nicht herum. Ich schaue durch die Kamera, um zu sehen, wie jede Einstellung arrangiert wird. Ich lernte, wie man das Licht diffuser macht, welche Objektive für welchen Effekt benutzt werden. Es gibt soviele Bereiche, die ich entdecken will. Das geht nicht, wenn man seine Zeit damit verbringt, ein Filmstar zu werden« (Davis). Doch letztlich entschied sich Gere, Schauspieler zu bleiben, dabei aber zu versuchen, auf das Drehbuch Einfluß zu nehmen. Er maß einem Film erzieherische Bedeutung bei und legte daher großen Wert auf Qualität.
Als Schauspieler hatte Gere in den vergangenen Filmen seine handwerklichen Fähigkeiten bilden und verbessern können. Er hatte zu einem eigenen Stil gefunden, hatte ihn unter Hackfords Regie zudem menschlicher gemacht. Jetzt aber war er ein Star und mußte Erwartungen erfüllen. Rollen mußten mit aller Sorgfalt ausgewählt werden. Das wurde für Richard Gere so bedeutend, weil seine Filmfiguren immer auch Teil seiner eigenen Persönlichkeit waren. »Sie sind alle Richard Gere«, beschrieb er seine Kriterien der Rollenauswahl, »sie könnten niemand anderes sein. Und der grundlegende Charakter von Richard Gere verändert sich. Natürlich gibt es Übereinstim-

mungen (...) zwischen einigen Figuren, die ich spiele. Deshalb spiele ich sie wahrscheinlich überhaupt« (Davis). Gere, der nicht über die Techniken des Method Acting verfügte, der nicht wie Robert De Niro in eine Rolle schlüpfte und dabei seine eigene Persönlichkeit gewissermaßen aufgab, mußte also nach Rollen suchen, die seinen Gefühlen und Gedanken entsprachen. Rollen, mit denen er sich auch im täglichen Leben identifizieren könnte. Denn wie nur wenige Hollywood-Stars gibt er in seinen Filmen viel von sich selbst preis, breitet seine eigene Psyche vor dem Publikum aus, was seine Verschlossenheit in privaten Dingen erklärbar macht.

Der Film, der Richard Geres künstlerische und kommerzielle Vorstellungen zu erfüllen versprach, hatte bereits eine lange Vorgeschichte. Und wohl nur Geres Einsatz ist letztlich sein Zustandekommen zu verdanken. BREATHLESS (Atemlos) hieß der Film eines unbekannten Regisseurs, und er war 1959 schon einmal gedreht worden. Auch damals war der Regisseur ein Unbekannter, ein Debütant mit dem Namen Jean-Luc Godard; sein stilbildendes Werk hieß A BOUT DE SOUFFLE (Außer Atem). Die Geschichte des Autodiebs und Polizistenmörders Michel Poiccard und seiner amerikanischen Freundin Patricia machte ihre Darsteller Jean-Paul Belmondo und Jean Seberg zu Stars und begründete Frankreichs Nouvelle Vague, jene neue Welle von Filmen, die statt im Studio auf der Straße spielten und das wirkliche Leben widerspiegelten.

A BOUT DE SOUFFLE war revolutionär, weil er ein Zeitgefühl aufspürte und filmisch adäquat vermittelte. Belmondo und Seberg verkörperten dieses Gefühl eher, als daß sie es spielten. Belmondo hielt Zwiesprache mit Humphrey Bogart mit der Zigarette im Mundwinkel und strich vor dem Spiegel mit dem Finger über seine Hutkrempe, während die knabenhafte Seberg, die sich später das Leben nahm, während Belmondo sich in Actionfilmen aufrieb, eine Unberührbarkeit verströmte, deren Sex-Appeal erst auf den zweiten Blick erkennbar wurde. Fünf Jahre lang kursierte der Plan einer Neuverfil-

Die berühmte karierte Hose: ›Breathless‹

mung durch Hollywood, bis Richard Gere seine Teilnahme zusagte. Ein mutiger Entschluß, denn die Umstände sprachen eigentlich dagegen.

Der zuvor nur durch den Underground-Kultfilm DAVID HOLZMAN'S DIARY (1967) aufgefallene Jim McBride und sein Ko-Autor L. M. Kit Carson hatten das Skript bereits 1978 verfaßt und dafür sogar die Genehmigung von Jean-Luc

Godard erhalten. Paramount war aufgrund eines zehnseitigen Treatments anfänglich an einer Verfilmung interessiert, reagierte aber ablehnend, als das fertige Drehbuch vorlag. Das Autorenduo samt ihres Produzenten Marty Erlichman wanderte zu Universal, wo man bereit war, das Projekt zu finanzieren, aber nur, wenn Carson und McBride nicht mehr damit befaßt wären. Um die Realisierung überhaupt zu ermöglichen, willigten beide ein. Ein neues Drehbuch entstand und wurde Robert De Niro geschickt. Der aber hatte kein Interesse, und so verlor auch Universal das seine. Orion übernahm das Projekt, versuchte vergeblich, John Travolta und Al Pacino dafür zu gewinnen, und übergab es wieder Paramount. Das Studio entschied sich für den Briten Franc Roddam (QUADROPHENIA) als Regisseur, und der hatte die Idee, Richard Gere in der Hauptrolle zu besetzen.

Gere war einverstanden, auch mit dem Drehbuch von McBride und Carson, doch dann entschied sich Paramount erneut gegen das Projekt. Roddam stieg in ein anderes Vorhaben ein, und Gere konnte zum ersten Male sein Gewicht als Star in die Waagschale werfen. Jetzt sollte Orion das Projekt wieder übernehmen, mit Richard Gere in der Hauptrolle. Michael Mann, später durch seine Schöpfung MIAMI VICE berühmt geworden, sollte den Film inszenieren. Mann lieferte eine neue Drehbuchfassung, die keinem gefiel, was McBride und Carson zurückbrachte. Trotz seiner Bedenken, sich einem Erstlingsregisseur anzuvertrauen, zumal bei den vorgesehenen freizügigen Sexszenen, war Gere schließlich einverstanden, daß McBride Regie führte. Zu dritt überarbeiteten sie noch einmal das Drehbuch, mit verteilten Rollen, wie es Carson später in einem Artikel für »Film Comment« beschrieb: Er selbst produzierte an der Schreibmaschine Szenen und Dialoge, McBride selektierte und Gere vermittelte zwischen beiden.

Natürlich konnte ein Remake von Godards Meisterwerk, das auf einem Buch von François Truffaut basierte, nicht allzu dicht an der Vorlage bleiben. Schließlich schrieb man das Jahr 1982, und seit 1959 hatte sich viel geändert. Während A BOUT DE SOUFFLE, übrigens vage von Joseph H. Lewis' GUN CRAZY (Gefährliche Leidenschaft, 1949) inspiriert, die Mythen des amerikanischen Kinos mit der Rebellion der europäischen Jugend verband, mußte BREATHLESS einen anderen Zeitgeist einfangen. Und der fand sich am ehesten in Los Angeles, wohin man die Geschichte verlegte.

Jesse Lujack (Gere) liebt die Comicfigur »Silver Surfer« und vor allem sich selbst. Er muß aus Las Vegas verschwinden und stiehlt einen alten Porsche. Zu der Musik von Jerry Lee Lewis rast er durch die Nacht und durch eine Polizeisperre. Sein Verhängnis beginnt, als er einen verfolgenden Polizisten erschießt. Nun wird er als Mörder gejagt. Doch er schafft es nach Los Angeles, wo Monica Poiccard (Valérie Kaprisky) Architektur studiert. Sie will er sehen, weil er glaubt, in sie verliebt zu sein. Er kennt sie gerade vier Tage, bricht in ihr Apartment ein, das er anhand eines ihrer Höschen identifiziert. Sogleich fühlt sich Jesse wie zu Hause, nimmt eine Dusche, tänzelt nackt durch den Raum und singt. Später dann findet er Monica in der Universität; sein Auftritt dort ist voller Eigennutz und Narzismus. Er platzt in ihr Examen, zieht den entsetzten Professoren die Tische weg und schafft Chaos. Der verblüfften Monica eröffnet er, mit ihr nach Mexiko fahren zu wollen. Rücksicht auf ihre Gefühle nimmt Jesse dabei nicht.

Schon von den ersten Szenen an macht Richard Gere durch sein extravagantes Spiel die Figur des Jesse Lujack nachvollziehbar. Auf der Fahrt nach Los Angeles führt er Selbstgespräche, swingend folgt er der Rock'n'Roll-Musik von Jerry Lee Lewis. Geres Jesse ist ein Comicstrip-Charakter, sein Narzismus korrespondiert mit dem seines Darstellers. Jesse ist ein Desperado, und Gere zeichnet ihn mit einer permanenten Beweglichkeit, mit intensiven Schmelz-Blicken aus seinen haselnußbraunen kleinen Augen. Es ist eine darstellerische Leistung, die den gesamten Film über mit vollem Einsatz dargeboten wird. Angetan mit einer engen karierten Hose und einem Rüschenhemd macht Gere aus seiner Rolle eine Studie in physischem Spiel. Bis zur Aufdringlichkeit bewegt, hopsend, springend, tänzelnd. Die Posen sind Imitationen populärer Vorbilder, die ganze Figur ist ein Konglomerat aus bekannten Gesten – so wie in Godards Film Jean-Paul Belmondo Humphrey Bogart zitierte.

In Los Angeles versucht Jesse an Geld zu kommen, ohne zu ahnen, wie dicht ihm die Polizei schon auf den Fersen ist. Als er in der Zeitung sein Konterfei sieht, nimmt sein Gesicht einen gehetzten Ausdruck an. Zum ersten Male spürt er die Schlinge, die sich um seinen Hals zu legen droht. Doch schnell wird jegliche Spur von Angst durch Imponiergehabe und Ichbezogenheit beiseite gedrängt. Das zieht auch Monica immer stärker in seinen Bann. Ihre anfängliche Skepsis, ja ihr Ärger über dieses Eindringen in ihre Welt, weicht der Anziehung durch seine traumtänzerische Agilität und seinen eklatanten Sex-Appeal. Vielleicht ist Monica auch durch seine Widersprüche angezogen. Denn Jesse agiert ohne Logik und redet in Sprechblasen, wie der »Silver Surfer«, der die Gesetze von Wahrscheinlichkeit und Physik außer Kraft setzt.

»Alles oder nichts« ist die Devise von Comicfigur und Jesse gleichermaßen. So spielt Lujack mit dem Revolver genauso wie mit der TV-Fernbedienung. Nur läßt sich das Leben nicht einfach wie ein Programm wegdrücken. Als die Fahndung nach ihm auch im Fernsehen ausgestrahlt wird, flüchtet er in seine Traumwelt. Nach anfänglicher Ratlosigkeit und Verzweiflung dreht Jesse den Rücken zur Kamera. Zuerst geraten seine Schultern in Bewegung, dann der Oberkörper, schließlich rockt der gesamte Körper im Takt der Musik. Jesse ist wieder in seiner eigenen Welt. Kit Carson beschrieb sehr anschaulich in »Film Comment« die Wandlung des Schauspielers Richard Gere zum Außenseiter Jesse Lujack schon in der Vorbereitungsphase. »Wir überarbeiteten eine Szene, Gere geht durch Jesses Sätze und die Worte werden langsam

schneller und schneller, ohne Atempausen, in einem neuen erratischen Rhythmus. Ich schaue rüber und sehe ihn schweißgebadet hinter dem Schreibtisch stehen. Lesend, lachend, seine Schultern zuckend... Das klingt seltsam, aber ich beobachte, wie sich Gere verändert: die Umrisse seines Körpers gehen verloren, innerlich wird er durchgeschüttelt. Genau da hat er es oder irgendwie tritt Jesse Lujack in Richard Gere ein«.
Eine erste Liebesszene, die für Furore sorgte. Nach einigen Küssen im Swimmingpool treiben es Jesse und Monica auf dem Schreibtisch, ein Schock fürs prüde Amerika. Einmal mehr führt Gere seinen Körper vor, ohne Scheu und in voller Natürlichkeit. Auch später, als beide noch einmal miteinander schlafen, haftet ihrer Nacktheit nichts Spekulatives oder

Am Swimmingpool fängt es an: Valerie Kaprisky und Richard Gere

Voyeuristisches an. Immer wieder fällt auf, wie ungezwungen Richard Gere mit derartigen Szenen umgeht. Darin ist er unvergleichbar. So gut wie kein anderer Hollywood-Star, abgesehen von Madonna mit ihren exhibitionistischen Entblätterungsversuchen, wagt eine derartige Freizügigkeit.
Gere erweist sich hier als ein Kind der aufgeklärten Achtziger, doch sei allen Spekulationen ein Riegel vorgeschoben. Natürlich sind alle Sexszenen in BREATHLESS entgegen anders lautenden, werbewirksamen Schlagzeilen gespielt, wenngleich in unverhohlener Sympathie beider Akteure zueinander. Zwar äußerte sich Valérie Kaprisky nach den Dreharbeiten mißverständlich – »Wir haben die Liebesszenen nicht gespielt. Sie waren halb echt. Man kann nicht sagen, daß man nur spielt, wenn einer ›Action‹ ruft« (Davis) –, doch ist dies dem mangelnden Professionalismus der damals unbekannten Schauspielerin zuzuschreiben. Gere verwies immer wieder auf das Team, das bei solchen Szenen um das Bett herumsteht und keine erotische Atmosphäre aufkommen läßt.
Schon die Auswahl der Darstellerin der Monica hatte ihre eigenen Besonderheiten. Früh war allen Beteiligten klar geworden, daß in Umkehrung des Originals statt einer unbekannten amerikanischen eine unbekannte französische Darstellerin gefunden werden mußte. McBride und Gere zogen nach Paris und machten sich auf die Suche. Mehr als sechzig junge Darstellerin sprachen vor und mußten mit Richard Gere eine der vorgesehenen Liebesszenen spielen. Für alle Beteiligten eine Strapaze, bei der dann Valérie Kaprisky den besten Eindruck hinterließ. In ihren folgenden Filmen fiel sie dagegen mehr durch ihre provokante Freizügigkeit auf als durch darstellerische Fähigkeiten.
Auf der Suche nach Geld streunt Jesse jetzt durch Los Angeles und versucht, seine Gläubiger zu finden. Immer wieder wird er vertröstet. Es ist nur eine Frage der Zeit, bis er von der Polizei entdeckt wird. Als es soweit ist, gelingt ihm erneut die Flucht, zusammen mit Monica, die er nun endgültig in seine

Probleme gezogen hat. Hinter der Leinwand eines Kinos, in dem gerade GUN CRAZY läuft, können sich beide verstecken – und sich ein weiteres Mal lieben. Doch insgeheim weiß Monica, daß es für sie keine Zukunft gibt. Noch einmal läßt sie sich aber von Jesse zum Mitkommen überreden.
Im Park einer verlassenen Villa will Jesse mit ihr den nächsten Morgen abwarten, an dem ihm ein Freund das Fluchtgeld für Mexiko bringen soll. Wie »verhext« fühlt er sich, hat den »Segen des Teufels«, antwortet er, als Monica ihn nach seinen Vorstellungen von der Zukunft fragt. Eine ärgerliche Reaktion von Jesse, der seine zunehmende Unruhe kaum noch verbergen kann, was Richard Gere mit der ihm eigenen Körpersprache zum Ausdruck bringt. Sein Jesse springt nun wie ein gefangenes Tier im Käfig, kaum noch kann er ruhig stehen. Monica aber hat ihn verraten. Als Jesse dies realisiert, weicht seine Lockerheit der Angst. Ein letztes Mal mobilisiert er all seine Kräfte. Umzingelt von der Polizei, hat er einen großen, seinen letzten Auftritt, den ersten vor einem Publikum. Endlich kann er beweisen, was für ein Rock'n'Roller er ist. Tänzelnd, rockend, zuckend, pulsierend provoziert er die Polizei und ist außer Atem, den Tod vor Augen. Eine Szene, in der Richard Gere seine Figur bis an die Grenze der Lächerlichkeit trieb und damit die Geister der Kritiker schied.
Diese reagierten überwiegend ablehnend; dennoch wurde BREATHLESS ein kommerzieller Erfolg. Vor allem in Europa mußte Jean-Luc Godards Film zum Vergleich herhalten, und dagegen machte McBrides Film tatsächlich keine gute Figur. Sein Werk ist ein Produkt der Popkultur und wie diese grell, bunt, laut, hektisch und zeitbedingt. Es ist eine synthetische Welt, in der Jesse sich bewegt, eine Montage aus Comic-Strip, Rock'n'Roll und filmischen Versatzstücken. Nur konsequent ist da, daß er sich in seine Traumwelten flüchtet. Selbst Los Angeles erscheint nicht real. Die Straßen sind bunt, die Sonne hell, die Stimmung ist aufdringlich. McBride hat die Künstlichkeit der Gefühle zu seinem Thema gemacht und in Ri-

chard Gere einen Darsteller gefunden, der sein Spiel darauf ausrichtet. Jesse Lujacks Gesten sind aufgesetzt und arrangiert. Sie stimmen so wenig wie die Farbmuster seiner karierten Hose. BREATHLESS ist in Wahrheit weniger ein Remake als die Re-Amerikanisierung eines in Europa aufgegriffenen amerikanischen Mythos. Dies geschieht auf eine eher vulgäre Weise, spielerisch und lustbetont, voll brodelnder Energie und alles andere als revolutionär.

Die wirkliche Schwäche des Films aber liegt in seiner Konzeption. Was bei Godard in spielerischer Leichtigkeit geschah, scheinbar ohne Sinn, wurde von Carson und McBride auf die simplen Erklärungsmuster des Hollywood-Kinos gebracht – für ein offenbar jugendliches oder intellektuell anspruchsloseres Publikum, das immer den Grund für eine Aktion wissen möchte. Zeit zum Nachdenken gibt es nicht in dieser Achterbahn von Verfolgungen, Konflikten und Liebesszenen, die unmittelbar aufeinanderfolgen und einen Höhepunkt nach dem anderen suchen. So wird alles vorhersehbar, während die Poesie von Godards Film im allgemeinen Gebrabbel der Sprechblasen untergeht. Tatsächlich näherte sich (in der Originalfassung) Geres Sprechweise gelegentlich der lautmalerischen Art der Comics, bot mehr Töne als Wörter.

Richard Gere, der 1983 zum schönsten Mann des Jahres gewählt wurde, trug erheblich zum Charakter des Films bei, indem er aus Jesse Lujack eine Kunstfigur machte, die keine Orientierung an der Realität mehr zuließ. Die narzistischen Posen, die man ihm so oft vorgeworfen hatte, entsprachen hier genau der Rolle. Ganz subtil gelang es ihm zudem, sie mit parodistischen Tönen zu versetzen und sich insgeheim über sich selbst und sein Image zu amüsieren. Ein Ansatz, der sich erst beim zweiten Hinschauen erkennen läßt, denn allzu aufdringlich und laut wirkt seine energiegeladene Darstellung auf den ersten Blick. Nicht verhindern allerdings konnte er den Umstand, jetzt endgültig zum männlichen Sexsymbol Nummer Eins geworden zu sein.

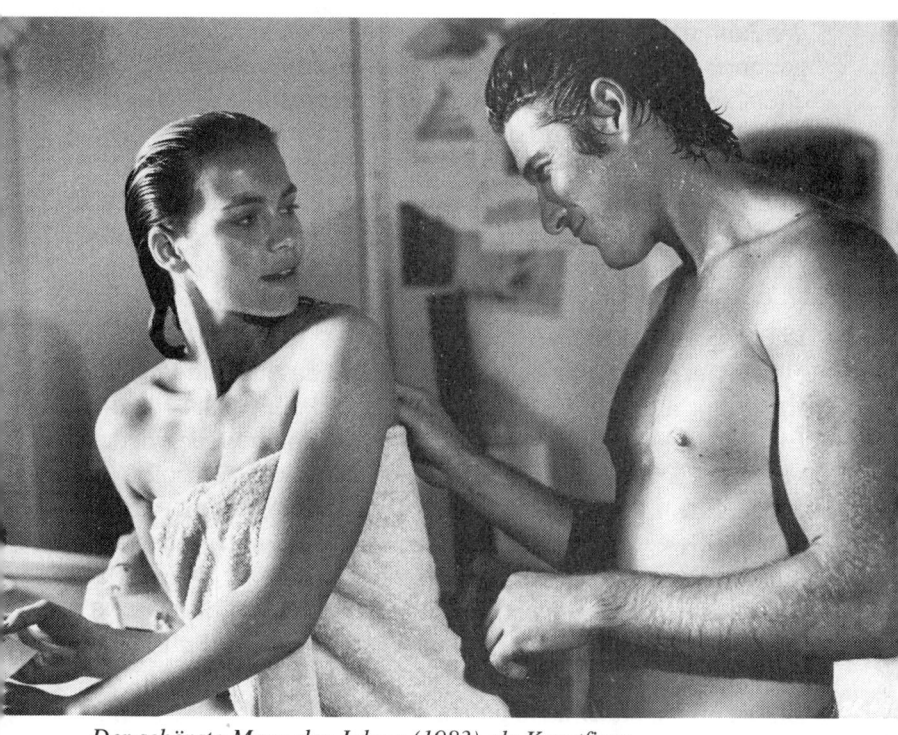

Der schönste Mann des Jahres (1983) als Kunstfigur

Fast zehn Jahre, bevor der Sex mit lautem Getöse auch für das Mainstream-Kino (wie in BASIC INSTINCT) leinwandfähig wurde, faszinierte und schockierte Gere mit bis heute für einen Hollywood-Star undenkbaren Nacktszenen die amerikanische Öffentlichkeit. »Ehrlich, ich weiß nicht, weshalb eine Nacktszene schwieriger sein sollte als eine Szene, in der man all seine Ängste und Gefühle offenlegt«, beschrieb er seine Haltung. »Ich mache sie nicht, weil ich will, daß mich alle ansehen. Es gibt einen Grund dafür, weshalb sie im Film sind. Es gibt einen Grund dafür, daß sie echt wirken. Das läßt Narzismus und Selbstbewußtsein außen vor« (Davis). Sein Mut und seine Risikobereitschaft wurden ihm in den folgenden Jahren allerdings fast zum Verhängnis. Denn was für Gere genuiner Bestandteil einer Rolle war, schien für das Publikum alleiniger Anreiz zu sein, ihm ins Kino zu folgen. Dabei ist jede Rolle für Richard Gere nur ein Schritt mehr bei der Realisierung der eigenen Persönlichkeit, das Kino für ihn Mittel der Selbsterkenntnis. »Ich lerne sehr viel über mich, wenn ich verschiedene Rollen spiele«, erläuterte er. »Ich habe den Eindruck, hunderte Male wiedergeboren zu sein und eine permanente Erfahrung zu machen, mehr noch, hunderte von Leben gelebt zu haben« (Merrick).

Ohne Pause stürzte er sich daher sofort in das nächste Projekt. Ein Filmstar zu sein, das wußte er, ist kein Status für die Ewigkeit. Der Erfolg von heute könnte schon morgen wieder vergessen sein. An Angeboten fehlte es nicht. So sollte er neben Elizabeth Taylor in einer Tennessee-Williams-Verfilmung (»Sweet Bird of Youth«) mitspielen, in einer Adaption von Edith Whartons »Ethan Frome« oder einer Neuverfilmung von Alfred Hitchcocks Klassiker THE THIRTY-NINE STEPS (Die 39 Stufen) mitwirken – Projekte, die nie zustande kamen.

Zeitweise dachte er auch daran, sein Erfolgsstück »Bent« mit Rainer Werner Fassbinder zu verfilmen. Doch er wählte ein anderes Projekt und ein anderes Rollenfach, das ihm erlaubte, neue Horizonte für sich selbst zu entdecken. »Das ist alles sehr geheimnisvoll«, äußerte er sich über seine Vorgehensweise bei der Wahl einer Rolle. »Ich weiß nur, daß von einem Augenblick zum anderen ein Stoff meine Imagination auslöst, so wie man anfängt, ein Buch zu lesen und nach einigen Seiten nicht mehr aufhören kann. Ganz allgemein gesagt, möchte ich keine Rolle spielen, die Bereiche erforscht, die ich nicht erforschen will. Ich wähle eine Rolle nicht nach dem Geld aus, das sie mir einbringen wird, außer, wenn ich das Geld brauche, aber wenn ich sie trotzdem annehme, wünsche ich mir, daß der Stoff unverbraucht ist, unerwartet und mir erlaubt, neue Bereiche zu erforschen, die mich persönlich und meine zukünftige Arbeit bereichern« (Merrick). Ein Drehbuch versprach ihm diese neue Erfahrungen. BEYOND THE LIMIT hieß das Filmprojekt des Briten John Mackenzie und beruhte auf dem Roman »The Honorary Consul« von Graham Greene. Es war eine Wahl, mit der Gere seiner Karriere eine neue Richtung bescherte – wieder an den Rand des Geschehens und der Leinwand.

Schattenspiele

Nur drei Tage nach Abschluß der Dreharbeiten von BREATHLESS stürzte sich Richard Gere also in das nächste Abenteuer. BEYOND THE LIMIT hieß der Film zunächst, später dann nach seiner Vorlage THE HONORARY CONSUL (Der Honorarkonsul). Der gleichnamige Roman von Graham Greene ist eines seiner gelungensten Werke, nach seinen eigenen Worten vielleicht sogar sein bestes. Eine Verfilmung ist indes ein waghalsiges Unternehmen, denn der Roman weist ein subtiles Beziehungsgeflecht zwischen den Hauptfiguren auf, besitzt wenig Handlungsbeschreibung, dafür um so mehr Dialoge und innere Monologe, die um die attraktiven Ingredienzen Sex und Action kreisen.
Die Geschichte spielt in Lateinamerika, an der Grenze zwischen Argentinien und Paraguay. Gedreht aber wurde in Mexiko, in Veracruz, Coatzacoalcos und in Mexico City. Die Vorgeschichte auch dieses Films währte lange. Fünf Jahre versuchte die Produzentin Norma Heyman, als Schauspielerin unter dem Namen Norma Parnell bekannt, das Budget zusammenzustellen. Erst als Michael Caine in der Titelrolle des Honorarkonsuls und Richard Gere als sein Gegenspieler ihr Einverständnis gegeben hatten, war das Projekt gesichert.
Richard Gere übernahm eine Rolle, in der ihn nur die wenigstens glaubhaft fanden. Er spielt den jungen Arzt Eduardo Plarr, Sohn eines Briten und einer paraguayischen Mutter. Auf der Suche nach seinem verschollenen Vater landet Eduardo eines Nachts in einer verschlafenen Grenzstadt zwischen Argentinien und Paraguay. Er trifft den völlig betrunkenen Charles Fortnum (Michael Caine), den britischen Honorarkonsul, und bringt ihn nach Hause. Durch Fortnum lernt Eduardo sogleich das lokale Bordell kennen, in dem sich auch die ansässige Geheimpolizei ein Stelldichein gibt. Der junge Arzt übernimmt eine Praxis und behandelt neben seinen wohlha-

Nur wenig glaubhaft: Gere neben dem Honorarkonsul (Michael Caine) und der schönen Prostituierten (Elpidia Carrillo)

benden Patienten unentgeltlich Kinder in den Slums. Dort trifft er seinen alten Freund Leon (Joaquim de Almeida) wieder, einen ehemaligen Seminaristen, der zum Guerillero wurde und in den Untergrund abtauchte.
Eduardo erlebt noch weitere, folgenschwere Begegnungen. Er lernt den Polizeichef Colonel Perez (Bob Hoskins) kennen, wird von diesem in die besseren Kreise der Stadt ebenso eingeführt wie ins Bordell. Dort sieht er zum ersten Male Clara (Elpidia Carillo), findet sie aber nicht mehr, als er eines Abends zu ihr will. Viel Zeit darüber nachzudenken hat er nicht. Denn der zynische und brutale Perez läßt das Krankenhaus von seinen Truppen stürmen, weil dort angeblich sub-

versive Aktionen ihren Ursprung hatten. Erstmals erlebt Eduardo die Ohnmacht angesichts politischer Willkür. Seine Intervention bei Perez wird von diesem maliziös lächelnd abgewiesen. Richard Gere, der bis dahin überaus konzentriert und zurückhaltend agierte, erlaubt einen kurzen Augenblick, die Emotionen seiner Figur zu erkennen. Tief hinter diesen haselnußbraunen Augen schlummert ein Potential von Wut und Aggression, doch schon hier setzt ein Bruch in seiner Darstellung ein, der die Figur des Eduardo Plarr im weiteren Verlauf des Films immer indifferenter machte.

Charles Fortnum ruft ihn auf seine Farm, bittet ihn, seine kranke Frau zu behandeln. Es ist Clara, frisch verheiratet mit Charles. Ihr späteres Verhältnis deutet sich an. Später trifft Eduardo sie in einer Drogerie wieder. Als Clara ihm eine Sonnenbrille schenkt, wird er direkt. Er nimmt sie mit in seine Wohnung, denn für ihn ist sie immer noch die Prostituierte. Während sie sich lieben – die für Gere-Filme nahezu obligatorische Sexszene – spielt sie die Befriedigung nur vor. Eduardo spürt dies, merkt aber nicht, daß er durch sein Verhalten dazu beigetragen hat, Clara wieder zur Prostituierten zu machen. Wortlos gibt er ihr später Geld, behandelt sie wie eine Nutte. Ein eiskalter Freier, der nicht die menschliche Wärme von Charles besitzt.

Obgleich Eduardo sich als unpolitischer Mensch begreift, wird er in die politischen Verhältnisse verwickelt. Zuerst tauchen Leon und Aquino (A. Martinez) in seiner Praxis auf, wollen seine Hilfe bei der Entführung des amerikanischen Botschafters, der in einiger Zeit die Stadt besuchen wird. Sie berichten ihm von den Folterungen in seiner Heimat, auch davon, daß sein Vater gefoltert wurde und in einem Gefängnis schmort. Durch seine Verbindungen zum militärischen und politischen Establishment könnte Eduardo die entscheidenden Informationen besorgen. Doch Plarr lehnt ab. Er will nicht in den Untergrundkampf hineingezogen werden. Genausowenig in die offizielle Politik. Entrüstet weist er Colonel Perez' Angebot ab, Gefängnisarzt zu werden. Doch schon lange ist er, ohne es zu ahnen, zum Spielball der politischen Kräfte geworden. Aber Eduardo interessiert sich mehr für sein Verhältnis mit Clara. An deren Mann Charles verliert er dabei keinen Gedanken.

Allmählich spitzen sich die Dinge zu. Eduardo gibt die Informationen über den Botschafter-Besuch doch an Aquino weiter, und Clara eröffnet ihm, von ihm schwanger zu sein. Seine Reaktion ist erschreckend. Er schlägt ihr eine Abtreibung vor. Seine Freunde entführen statt des Botschafters den armen Charles, der ihn erkennt, als Eduardo zu ihm gerufen wird,

Ein eiskalter Freier

um eine Verletzung zu behandeln. Nun gibt es für den Arzt kein Entkommen mehr, er steckt in einem Zwiespalt. Zum einen will er die Freiheit für Fortnum, an dem niemand interessiert ist, zum anderen schläft er weiter mit dessen Frau.
Dieser Zwiespalt lähmt nicht nur Eduardo Plarr, sondern auch seinen Darsteller Richard Gere. Merkwürdig ausdruckslos agiert Gere in diesen Szenen, als hätte er das Interesse an der Story oder seiner Figur verloren. Sein sonst so ausdrucksstarkes Körperspiel bleibt starr, seine zurückhaltende Mimik nichtssagend, seine Blicke leer. Fast somnambul wirkt er vor der Kamera, die es nicht verstand, eine Beziehung zu seiner Präsenz zu entwickeln. Gere wirkt wie ein Suchender, dem seine Mittel abhanden gekommen sind. Die wenigen Szenen mit der mexikanischen Neuentdeckung Elpidia Carrillo lassen nur geringfügig jene Chemie zwischen zwei Akteuren erkennen, die solche Zusammentreffen zu einem Ereignis macht. Einzig das Zusammenspiel mit Bob Hoskins, dem stämmigen Briten in der Rolle des korrupten, aber allwissenden Colonel, vermittelt etwas von schauspielerischer Spannung.
Perez taucht plötzlich in Plarrs Wohnung auf. Er weiß von dessen Verhältnis mit Clara und er ahnt auch die Verwicklung des Doktors in die Entführung. Brutal teilt er ihm mit, daß sein Vater schon ein Jahr zuvor erschossen worden sei. Allein in dieser kurzen Szene verstand es Gere, seine subtile Schauspielkunst wirksam einzusetzen. Ohne übermäßig ausgespielte Gestik und Mimik vermittelte er Ungläubigkeit, Entsetzen und Erschütterung nur durch Blicke. Eine kurze Szene nur, die bewies, daß Richard Gere immer dann überzeugt, wenn er agieren kann und nicht nur reagieren muß. Denn das ist die meiste Zeit in diesem Film der Fall. Vor allem in den gemeinsamen Szenen mit Michael Caine. Der Honorarkonsul erfährt, daß Plarr ein Verhältnis mit Clara hat, und er trägt es mit Fassung. Caines wissendes Lächeln macht deutlich, daß er Clara liebt und von dieser geliebt wird. Damit ist sein Leben reicher als das des jungen Arztes. Als Eduardo dies erkennt,

Schauspielerische Spannung: Bob Hoskins als Polizeichef

spiegelt sich Eifersucht in seiner Miene. Eifersucht auf eine Beziehung, zu der er nie in der Lage sein wird. Richard Gere hat in diesen Momenten nicht mehr zu bieten als eine leere Miene. Und manchmal hat man den Eindruck, als würde sich Michael Caine, dessen darstellerisches Repertoire weit größer ist, über sein Gegenüber ein wenig amüsieren. Vielleicht weil er viel eher in den Kosmos von Graham Greene paßt als das Sexsymbol Richard Gere.

Die Polizei hat die Hütte der Entführer umstellt. Einige der Guerilleros sind bereits erschossen worden. Eduardo will mit Perez verhandeln, doch er hat endgültig verspielt. Der Colonel läßt ihn niederschießen und dann töten. Ein Lächeln auf den Lippen, mit einer letzten Pirouette um die eigene Achse: Als hätte er den zu Tode tanzenden Jesse Lujack noch nicht vergessen, läßt Richard Gere seinen Charakter Eduardo in den

Tod gehen. Es ist das Ende eines Films, der ebenso formlos wirkt wie Geres Darstellung: zeitweise Politthriller, dann Melodram, dann Liebesgeschichte. Regisseur John Mackenzie und sein Autor Christopher Hampton, immerhin einer der profiliertesten britischen Drehbuchautoren, zeigten sich hoffnungslos verstrickt in die Fallen einer Geschichte, deren Verfilmbarkeit ohnehin von vielen angezweifelt wurde. Einzig Bob Hoskins und Michael Caine vermochten, in ihren Rollen zu agieren. Richard Gere und Elpidia Carrillo blieben unter ihren Möglichkeiten, weil ihre Figuren nur Klischees waren und nur reagieren konnten. Ein Trostpflaster für Gere war vielleicht sein Honorar von etwa 1,6 Millionen Dollar.

Der Film wurde ein Mißerfolg und zeigte, daß Richard Gere in der Wahl seiner Stoffe nicht immer eine sichere Hand hatte. Was eigentlich kein Problem darstellen sollte, doch der in Hollywood immer noch nicht geliebte Star wurde natürlich nur an seinen Erfolgen gemessen. THE HONORARY CONSUL konnte zunächst einmal als Ausrutscher eingestuft werden, aber der Film zeigte deutlich, wo Geres Grenzen lagen: Als nur reagierender Schauspieler überzeugte er nicht. Erst später sollte er dazu in der Lage sein.

Richard Gere aber ist ein Darsteller, der auch aus seinen Mißerfolgen lernt. Die Rolle des Eduardo Plarr, für die er offenbar nur wegen seines lateinischen Äußeren und seines Sex-Appeals für die gar nicht einmal so notwendigen Liebesszenen besetzt worden war, wurde Teil seines privaten Universums, Teil seiner philosophischen Betrachtungen über die Zusammensetzung der Welt. Es war letztlich nur ein Schritt mehr in seinem Bestreben, keine Rolle zu wiederholen und gleichzeitig neue Erfahrungen zu machen. Eine völlig neue Erfahrung mußte daher auch sein nächstes Engagement bedeuten. Es sollte die teuerste Produktion werden, in der er mitwirkte. Der Grund hierfür hieß schlicht Francis Ford Coppola und der Titel des Films lautete THE COTTON CLUB (Cotton Club).

Es war ein von vorneherein zum Scheitern verurteiltes Projekt, bei dem zu viele starke Egos aufeinanderprallten und die Kompromißlösungen den Film seine Konturen verlieren ließen. Die Entstehungsgeschichte ist spannender als der Film selbst. Der »Cotton Club« ist eine Legende: In den zwanziger und dreißiger Jahren war er die mondäne Auftrittsstätte für später berühmt gewordene schwarze Jazzer wie Cab Calloway, Duke Ellington, Lena Horne, Ethel Waters oder Bill »Bojangles« Robinson. Sein Publikum war weiß und bestand zu großen Teilen aus berühmten Gangstern wie Dutch Schultz, Owney Madden oder Lucky Luciano. Das war vielleicht der Grund für Mario Puzo, den Autor des »Paten«, die Geschichte dieses Harlemer Clubs in einem Exposé zu umreißen. Puzos

Großes Honorar, geringer Erfolg: ›Der Honorarkonsul‹

Freund Bob Evans, ein der Gigantomanie und Selbstherrlichkeit nicht abgeneigter Erfolgsproduzent (ROSEMARY'S BABY, LOVE STORY, CHINATOWN) war von der Idee begeistert und brachte die ersten Millionen zusammen.

Doch die Geschichte schwarzer Musiker, das war dem nach höheren Weihen strebenden Evans klar, würde niemanden interessieren. Also wurde der weiße Musiker Dixie Dwyer erfunden, der im Gegensatz zur historischen Wahrheit als Weißer im »Cotton Club« auftreten durfte. Coppola, gerade mal wieder in Geldnöten, sollte die Regie übernehmen. Drei Millionen Dollar Gage versprach man ihm dafür. Kaum hatte sich Coppola für das Projekt entschieden, nahm er die Fäden in die Hand und sorgte dafür, daß das ursprüngliche Budget von 20 Millionen Dollar sich fast verdreifachte. Damit sich seine Investitionen bezahlt machten, wollte Evans einen Star. Und den sah er in Richard Gere, nach den Erfolgen von AN OFFICER AND A GENTLEMAN und BREATHLESS ein vielgefragter Schauspieler und Schwarm vor allem der Zuschauerinnen. Gere soll eine Gage von 2,5 Millionen Dollar erhalten haben und die Garantie, am Drehbuch mitwirken zu können. Die Probleme begannen. Immer neue Buchfassungen, insgesamt wohl vierzig (!) entstanden, gegen die immer irgendeiner Einspruch erhob. Drehbuchautor William Kennedy verlor nach eigenen Angaben zeitweise den Überblick, wie wohl auch alle anderen. Finanziers kamen und gingen, die Kosten stiegen unaufhaltsam, und Coppola erlag seinem unerbittlichen Drang zum Perfektionismus. Evans, der in ihm einen einfachen Regisseur vermutet hatte, der nach dem finanziellen Reinfall seines »Zoetrope Studios« froh sein mußte, seine Schulden abtragen zu können, hatte nicht mit Coppolas Visionen gerechnet und der Hartnäckigkeit, mit der dieser das Budget dafür verbrauchte, ohne daß ein Ende abzusehen war. Um die Fertigstellung zu gewährleisten, mußte Evans schließlich die Rechte am Film verkaufen. Vor Gericht allerdings holte er sich später einen Teil wieder zurück. Den angesichts der hor-

Das Kornett spielte er selbst: Richard Gere als Dixie Dwyer im ›Cotton Club‹

renden Produktionskosten fast zwangsläufigen Mißerfolg konnte er dadurch allerdings nicht verhindern.
Doch die Ursachen für das Scheitern des Projektes lagen woanders. Die Entscheidung, die Figur des Dixie Dwyer einzuführen, erwies sich als größtes Hindernis. Zumal Richard Gere darauf bestand, daß seine Figur ein Happy End erleben sollte. Damit rückte die Geschichte des »Cotton Club« endgültig ins Reich der Fabel und verlor ihre dramaturgische Linie. Coppola schuf ein Märchen, das in teurer Ausstattung schwelgte und völlig künstlich geriet. Wunderschön anzusehen, doch auch ungeheuer maniriert. Dixie Dwyer, die eigentliche Hauptfigur nach dem Willen des (ursprünglichen) Produzenten, verschwand immer wieder aus der Geschichte und tauchte unvermutet und willkürlich wieder auf.

Dixie ist gerade nach New York zurückgekehrt. Eher zufällig rettet er dem Gangster Dutch Schultz (James Remar) das Leben und lernt dadurch auch dessen Freundin Vera Cicero (Diane Lane) kennen. Mit seinem schmalen Menjouschnäuzer, dem pomadigen Haar und der Attitüde des billigen Playboys wirkte Richard Gere in der Rolle wie die Imitation von Rudolfo Valentino, jenem Urbild des *latin lover*. Dixie ist Kornett-Spieler (Gere spielte selbst), und so wird er von Dutch für eine Party engagiert, wo er Zeuge eines blutigen Gangsterstreits wird. Owney Madden (Bob Hoskins, mit dem Gere nun im zweiten Film hintereinander zusammenspielte) befiehlt Dixie, den wütenden Dutch wegzubringen. Unterwegs muß sich der Musiker übergeben, während Vera von den Vorgängen unberührt scheint. Als Dank für Dixies diskrete Art und schnellen Gehorsam gibt ihm Madden, Besitzer des »Cotton Club«, einen Job in der Club-Band. Aber auch für Dutch ist er weiter tätig, meist als Aufpasser und Begleiter für Vera, in die er sich natürlich verliebt. Vera aber hat eigene Pläne; sie bleibt bei Dutch, während Dixie ihn nun meidet. Durch die Vermittlung von Owney Madden macht er Probeaufnahmen in Hollywood. Mit Erfolg.

1930: Dixie ist jetzt ein Hollywood-Star, spezialisiert auf Gangsterfiguren. Immer wieder kehrt er nach Harlem zurück und besucht den »Cotton Club«. Inzwischen sieht er aus wie Errol Flynn. Während er als Gangster auf der Leinwand Erfolge feiert, geht deren Ära allmählich ihrem Ende entgegen. Dixies Bruder Vincent (Nicolas Cage), der sich mit Dutch eingelassen und mit Owney angelegt hatte, wird das erste Opfer. Später fällt auch Dutch anonymen Kugeln zum Opfer, während Dixie im »Cotton Club« das Kornett bläst und Madden mit Lucky Luciano (Joe Dallessandro) das Verbrechen neu organisiert. Die goldenen Jahre des Clubs neigen sich ihrem Ende entgegen. Dixie fährt zurück nach Hollywood – mit Vera, die sich letztlich doch entschließt, ihrer Liebe zu folgen. Es ist nicht die einzige Geschichte, die in COTTON

CLUB erzählt wird. Da ist der schwarze Steptänzer Dalbert Williams (Gregory Hines) und seine Liebe zur Sängerin Lila Rose Olivier (Lonette McKee), die ihre schwarze Hautfarbe am liebsten leugnen möchte. Da gibt es Dixies Bruder Vincent und seine Entwicklung zum kleinen, tollwütigen Gangster. Und es gibt natürlich den Club selbst, von Coppola als faszinierender Reigen von Tanzbeinen, Erotik, Musik und Revolvern inszeniert. Die soziale Wirklichkeit von Börsenkrach und Depression bleiben außen vor in dieser bunten Revue, die durch ihre Montage, durch das Spiel von Licht und Schatten, durch den treibenden Rhythmus bestimmt wird.

Coppola drehte einen ästhetischen Traum, eine sehr persönliche Reminiszenz an Hollywoods Goldene Zeit, in der ein Busby Berkely Musik- und Tanzfilme drehte, die reiner Eska-

Diane Lane zeigt, was sie kann: Wer soll da widerstehen?

pismus waren. Der Film ist eine turbulente Mischung verschiedener Figuren, Stile und Erzählungen, deren Wirbel den Zuschauer den Faden verlieren läßt. So bleibt nichts weiter in Erinnerung als eine überaus synthetische Welt, in der die Schauspieler nur Staffage sind. Das betraf vor allem Richard Gere, dessen Filmfigur immer wieder verschwindet, um plötzlich und unerwartet wieder aufzutauchen. Obwohl als Star des Films angekündigt, blieb er nur eine Randerscheinung – wie zu Beginn seiner Karriere. Ihm widerfuhr etwas, das für einen Schauspieler ein Alptraum sein muß – er wurde kaum wahrgenommen, ging unter im Strudel der Ambitionen des gigantomanischen Regisseurs Francis Ford Coppola.

Vielleicht wählte er deshalb als seinen nächsten Film ein Pro-

Ein ästhetischer Traum: Coppolas ›Cotton Club‹

Schauspieler als Staffage: Lane und Gere

jekt, das ihm von Martin Elfand, dem Produzenten von AN OFFICER AND A GENTLEMAN angeboten worden war, und das zwar ebenfalls höchstes Risiko, ihn aber auch wieder in den Mittelpunkt zu rücken versprach: KING DAVID (König David) unter der Regie des Australiers Bruce Beresford. Ein Bibelfilm, ein Relikt vergangener Zeiten. Gere wollte den Beweis antreten, trotz der zahlreichen Massenszenen ein Schauspieler zu sein, der die Leinwand beherrschen konnte. Es war zudem die Vielschichtigkeit der Figur, die einen ambitionierten Darsteller wie ihn reizen mußte.
König David war Dichter, Krieger, Liebhaber, Philosoph, Politiker, Prophet, Priester und ein Auserwählter, der noch als Jugendlicher den Riesen Goliath bezwungen hatte. Er war den Psalmen zufolge ein einfühlsamer Mensch voller Selbstzwei-

fel, Schuldgefühle und Selbstbewußtsein. Eine Rolle also, die einem Schauspieler alles abverlangen würde. Entsprechend intensiv bereitete Gere sich vor. Er reiste nach Marokko und lebte in der Sahara mit Beduinen. Denn wie diese hatte auch David in der Wüste gelebt und dadurch seinen Charakter geformt. Gere studierte die umfangreich vorhandene Literatur, versuchte vom modernen Judentum zu abstrahieren und besuchte die biblischen Stätten in Israel.

Nach Abschluß seiner Recherchen bereitete sich Gere dann ganz normal vor. »Ich ging an die Rolle des David heran wie an jede andere. Wenn du anfängst, den König zu spielen, dann stellst du nicht die Person dar. Man spielt niemals den König. Es sind die Leute um dich herum, die so spielen, als ob du der König seist. Du findest also, wie bei jeder anderen Figur, den Kern des Menschen, die Situation, den Verstand, den geistigen Gesichtspunkt. Dadurch, daß du in diese Aspekte einer Figur hineinschaust, kannst du dramatisch mit ihr umgehen« (Cott). Die Ansprüche des von Andrew Birkin geschriebenen Drehbuches waren hoch und komplex, denn David wurde stellvertretend für eine ganze Epoche gezeichnet. Der Film allerdings entpuppte sich dann doch als schlichtes Historienspektakel. Gere wurde von der Kritik geradezu vernichtet und vom Publikum ausgelacht. Respekt verdient in der Tat allein sein Mut und seine Risikobereitschaft.

Durch den Propheten Samuel (Denis Quilley) wählt Gott den Hirtenjungen David (Ian Sears) als zukünftigen König Israels aus. David soll die Stämme des gelobten Landes vereinigen und die Ungläubigen vertreiben. Als der Prophet davon dem herrschenden König Saul (Edward Woodward) berichtet, läßt dieser David in sein Kriegslager bringen. Sauls Israeliter stehen gerade den Philistern unter Führung des riesenhaften Goliath gegenüber. Wie erstarrt wirken Sauls Soldaten angesichts der Kraft Goliaths, der einen Zweikampf anbietet. Doch keiner der Israeliten hat den Mut dazu – außer David, der den Riesen mit einer Steinschleuder zu Fall bringt.

Jahre später ist David erwachsen und als siegreicher Kämpfer Liebling des Volkes und der Frauen. Richard Gere hat seinen ersten Auftritt mit wallenden Locken und struppigem Bart – ein übriggebliebener Hippie, den es irgendwie in eine falsche Umgebung und eine falsche Zeit verschlagen hat. Der Schauspieler scheint durch, die Rolle der biblischen Gestalt wirkt zu groß im Format. Richard Gere ist eben kein Charlton Heston oder Victor Mature, jenen Helden aus Hollywoods Sand- und Sandalen-Epen. David, inzwischen von Saul als Sohn angenommen, vermählt sich mit dessen Tochter Michal. Seine Beliebtheit beim Volk macht ihn schon früh zur Legende und erregt die Furcht Sauls, der ihn jetzt vernichten möchte.

Mal etwas anderes: Richard Gere als Hirtenjunge David

Mit Hilfe seines Freundes Jonathan (Jack Klatt), dem ältesten Sohn Sauls, gelingt David die Flucht. Er findet Unterschlupf in dem Kloster, in dem die Bundeslade aufbewahrt wird. Andächtig fällt er vor ihr auf die Knie und schwört, ihr einen geeigneten Platz zu schaffen. Dann geht seine Flucht weiter, denn Saul ist mit seinen Soldaten durch Verrat auf seine Spur gekommen. Unterwegs nimmt David drei Frauen, wird Vater eines Sohnes, Absalom, und versammelt ein Heer von Männern um sich, die mit Sauls Herrschaft unzufrieden sind. Wie um zu beweisen, daß nur er der von Gott Auserwählte ist, schleicht er sich eines Nachts an Saul heran und stiehlt dessen Schwert. Dann findet er Beistand bei den Philistern, den alten Feinden. Bei einer Schlacht zwischen ihnen und den Israeliten führt Saul sein Heer in eine vernichtende Niederlage und verliert seine Söhne. Noch immer will er Davids göttliche Bestimmung nicht akzeptieren.

Doch Davids Einzug in Jerusalem kann er nicht mehr verhindern. Nur mit einem Lederschurz bekleidet, tanzt dieser durch ein Spalier aus Palmenwedeln zum Ruhme Gottes. Eine Szene, die im Kino Gelächter hervorrief. Denn der Tanz ist mehr ein Gehopse, das an einen Diskoauftritt erinnert und Darsteller wie Rolle ins Lächerliche zieht. Der ganze Pomp und Kitsch des Bibelschinkens fand hier zu einem merkwürdigen Höhepunkt, der Geres Anspruch, eine Rolle zu spielen, die den komplizierten Zusammenhang von Poesie, Religiösität und Krieg ausdrücken sollte, ad absurdum führte. Die Unangemessenheit seines gewohnten physischen Spiels in einer historischen Rolle wurde auf erschreckende Weise erkenntlich. Am Ende dieses Tanzes ist er so erschöpft, wie ein ekstatischer Diskotänzer es nur sein kann. Schwer atmend und verschwitzt hat David die göttliche Figur zu einem irdischen Wesen gemacht, weit entfernt von der Mythenspinnerei der Hollywood-Stars. Aber der Film unterstützt ihn darin nicht. Denn die Geschichte und ihre Inszenierung verlieren sich immer mehr in pompöser Nichtigkeit. David wird zum Frau-

Als ›König David‹ fünfmal verheiratet: Richard Gere mit Alice Krige

enheld und zum Erbauer eines Tempels der Bundeslade. Seinen Sohn Absalom (Jean-Marc Barr), der seinen Bruder getötet hat, schickt er aus einer menschlichen Regung heraus in die Verbannung, obwohl doch das Gesetz Auge um Auge, Zahn um Zahn fordert. Dafür bestrafen ihn die Hohepriester mit dem Tod seines nächstgeborenen Sohnes – alles Szenen, in denen Gere Gefühle durch aufdringliches Agieren vermittelt. Seine eigentliche Stärke des reduzierten Spiels, seine

Beherrschung gerade subtiler Regungen wich aufgesetzter Gefühlsduselei.

Die Jahre vergehen, Davids Kinder werden älter, nur der König selbst bleibt ewig jung. Allein einige graue Haarsträhnen deuten das Alter an. Inzwischen hat Absalom ein Heer Unzufriedener um sich geschart und zieht gegen seinen Vater in den Krieg, in dem er aber sein Leben läßt. Eine Szene mehr, in der Richard Gere alle nur denkbaren Gefühlsregungen ausspielte – auf eine direkte, überdeutliche Weise. Alles wirkte sehr outriert, und die Gefühle schienen aus dem Lehrbuch einer Schauspielschule zu stammen. Geres Spiel blieb schematisch und oberflächlich und wurde immer wieder lächerlich. Seine sonst so gelungene Koordination von subtiler Mimik und adäquater Physis verlor sich in dieser Rolle.

Als erfolgreicher Feldherr, aber gezeichnet von den persönlichen Opfern, findet David zurück zur Demut und begräbt all seine bombastischen Baupläne. Richard Gere allerdings fand nicht zurück zu seinem kontrollierten Spiel – bis zum bittern Ende (mit einem schlechten Makeup) auf dem Totenbett. Auch hier ein letztes Mal die Vorführung mißratener Schauspielkunst, Schlußpunkt eines völlig verunglückten Films, der aus seinem Mann für gewisse Stunden eine Witzfigur gemacht hatte. Die Wirkung des erfolglosen KING DAVID sollte nachhaltig sein. Zwar blieb Richard Gere ein Star, doch er hatte an Glaubwürdigkeit verloren. Seine Attraktivität für den Kinozuschauer hatte gelitten und sollte auch seine folgenden Filme zu finanziellen Mißerfolgen werden lassen. Schlimmer noch, der Film hatte ihn der Lächerlichkeit preisgegeben und ihn Spott-Tiraden ausgesetzt.

Nur eines war Gere gelungen: Er hatte eine Rolle absolviert, die er zuvor noch nie gespielt hatte. Und er hatte neue Erfahrungen gesammelt. Richard Gere ist zu intelligent und zu sehr um Qualität seiner Arbeit bemüht, als daß er sich nicht sogleich für einen Stoff entschieden hätte, der sein Image wiederherstellen sollte. Neben Stars wie Gene Hackman und Julie

Christie spielte er unter der Regie des als Schauspieler-Regisseur gerühmten Sidney Lumet. Als politischer Medien-Berater und -Manipulator Pete St. John stellte er zudem eine Figur dar, die seiner Persönlichkeit mehr entsprach. POWER hieß der Film und wurde, völlig zu Unrecht, ein Mißerfolg; in Deutschland gelangte er gar nie in die Kinos, kam nur (mit zweijähriger Verspätung) 1988 auf Video heraus.

Pete St. John ist aalglatt und wendig wie eine Schlange. Das muß er auch sein als Wahlkampfberater und Medienmanager von Politikern, die eine Wahl gewinnen möchten. Mit seinen Methoden und seinem Professionalismus kann St. John dies garantieren. Deshalb ist er der Star einer Branche, die kein Gewissen zu kennen scheint. Inhalte interessieren ihn nicht, nur die Verpackung. Im Wahlkampf eines Politikers in Mittel-

Medien-Manipulation: ›Power‹

amerika nutzt er ein Attentat aus für die Publicity. Sein Kunde wird gewinnen. St. John hat alle Insignien des Erfolges. Seine Erscheinung ist elegant, geschmeidig und gepflegt. Ein Polit-Yuppie voller Energie, was ihn in den Augen der Frauen attraktiv macht. Die Art und Weise, in der Richard Gere die Figur des Pete St. John verkörperte, läßt sie in der Rückschau wie eine Vorstudie zu Edward Lewis in PRETTY WOMAN scheinen – die gleiche souveräne Eleganz und Körperbeherrschung, der geschmeidige Charme und die professionelle Kälte des Geschäftsmannes, der die Menschlichkeit in sich entdeckt.

Ein langjähriger Kunde von St. John ist der Senator Hastings (E. G. Marshall), der vehement für die Sonnenenergie eintritt. Pete soll seine Wiederwahl organisieren. Um so überraschender kommt für ihn der plötzliche, krankheitsbedingte Verzicht des Politikers. Zum ersten Male zeigt Pete Gefühle, denn Hastings war für ihn wie ein Vater. Dessen Nachfolger will Jerome Cade (J. T. Walsh) werden und engagiert deshalb St. John, der sich Bedenkzeit erbittet. Denn Cade unterscheidet sich in einem wesentlichen Punkt von Hastings. Er ist vehement gegen die Sonnenenergie, von der Pete persönlich überzeugt ist. Seine Bedenkzeit überbrückt er mit der Aufgabe, den farblosen Provinz-Politiker Wallace Furman (Fritz Weaver) aufzupolieren und einer erfolgreichen Gouverneurin zur Wiederwahl zu verhelfen.

Dabei trifft auf er auf seine Exfrau Ellen (Julie Christie), inzwischen eine bekannte Journalistin, und seinen Freund und Konkurrenten Wilfried Buckley (Gene Hackman). Ellen ist skeptisch wegen Hastings Krankheit und beginnt mit Recherchen, während Pete sich für den korrupten Machtpolitiker Cade entscheidet. Einmal mehr beweist er dabei seine Meisterschaft, unvorhergesehene Ereignisse für eine Kampagne auszunutzen. Doch Cade bekommt einen überraschenden Gegenkandidaten, einen Professor mit ausgeprägtem Ökologiebewußtsein, der sich von Buckley den Wahlkampf führen läßt.

Durch Zufall entdeckt Pete dann, daß sein Telefon angezapft ist. Sein ungläubiger Gesichtsausdruck deutet darauf hin, daß ihm erste Zweifel an der eigenen Unerschütterlichkeit und Überlegenheit kommen.

Ellen findet unterdessen heraus, daß Hastings wegen finanzieller Fehlkalkulationen seiner Frau erpreßt wurde. Pete realisiert, daß auch er vom Senator belogen wurde; Ernüchterung und Enttäuschung stellen sich bei ihm ein. Er versöhnt sich mit seiner Ex-Frau und merkt, daß er nicht mehr Herr über sein Leben ist, denn erneut findet er Wanzen. Zudem wird sein Flugzeug durchsucht, und einige Kunden ziehen ihre Aufträge zurück. Pete kann sich nicht erklären, was sich gegen ihn verschworen hat, hält er sich doch für den Freund und Ratgeber der Politiker. Als er dann Buckley wiederbegegnet, der versucht, die Kampagne des Professors durchzuführen, erlaubt sich Pete eine Schwäche. Aus alter Freundschaft überläßt er Bill das Ergebnis einer geheimen Untersuchung über die Chancen der Kandidaten und erlebt mit, wie sein alter Lehrmeister seinem Klienten eine Lektion in Politik und Werbung erteilt.

Durch Ellen erfährt St. John, daß Hastings von Billings (Denzel Washington) erpreßt wurde, dem mysteriösen Mann im Hintergrund von Cades Polit-Mannschaft. Er will aussteigen, doch Billings setzt ihn unter Druck. Langsam kommt es Pete zu Bewußtsein, nur Spielball zu sein in einem schmutzigen Gewerbe, in dem Freundschaft und Gewissen keine Rolle mehr spielen. Angewidert von seinem Job geht er zu Bill und dessen unverbrauchtem Kandidaten und empfiehlt ihm, bei der bevorstehenden Fernsehdiskussion nur seine eigene Meinung zu vertreten, ohne politische Rücksichtnahme. Doch er merkt auch, wie schnell der Professor die Instrumente der Politik zu nutzen versteht. Während Cade abgeschlagen die Wahl verliert, landet der Professor knapp auf dem zweiten Platz – eine politische Laufbahn nimmt hier ihren Beginn. Doch sie wird ohne Pete St. John stattfinden, dessen Bewußtwerdungsprozeß eine Rückkehr zu seiner bisherigen Tätigkeit kaum noch zuläßt.

Lumets Film ist eines der wenigen Hollywood-Produkte, das einen Blick hinter die Fassade politischer Macht wirft. Es ist ein durchaus kritischer Blick, vor allem bezogen auf die Rolle der Massenmedien. Die aalglatten Drahtzieher hinter den Kulissen, zu denen Pete St. John gehört, üben die eigentliche Macht aus – oder glauben es zumindest, denn auch sie stehen nur im Sold. Die Schwäche von POWER ist, daß er diesen Ansatz nicht weiter ausführt, daß er diffus bleibt, wo eine wagemutige Behauptung über die wahren Drahtzieher politischer Macht den Film wahrlich zu einem Polit-Thriller hätte machen können – so wie es Lumet in seinem medienkritischen NETWORK (1976) oder seinem berühmten SERPICO (1973) gelungen war.

Recherchierfreudig: Julie Christie als Journalistin

Arroganz, Eleganz, Distanz: Richards »Reaganomics«

POWER gefällt vor allem seiner Schauspieler wegen. Julie Christie als recherchierfreudige Journalistin überzeugt ebenso wie der bärbeißige, grantige Gene Hackman als schlitzohriger, abgebrühter Wahlkampfexperte William Buckley. Doch vor allem auf Richard Gere schien sich Lumets Interesse konzentriert zu haben. »Er ist charmant«, äußerte sich Lumet. »Man kann Charme nicht inszenieren. Ich engagierte ihn, weil der Film von einem Geschäft handelt, in dem die Erscheinung das Wesentliche ist. Richard hat eine wunderbare Technik. Aber wenn ein Schauspieler so attraktiv ist wie er, ist es schwierig, ernst genommen zu werden, vor allem am Anfang der Karriere« (Sessums).

In der Tat bot die Rolle des Pete St. John, die Gere nach dem realen Vorbild von Roger Ailes, dem Organisator des ersten George-Bush-Wahlkampfes, schuf, ihrem Akteur einen breiten Spielraum an Ausdrucksmöglichkeiten. So sieht man ihn zum Beispiel immer wieder trommeln, etwa im Flugzeug, um die innere Anspannung und die überbordende Energie herauszulassen. Unnachahmlich gelingt es Gere dabei, seinen körperlichen Ausdruck mit dem unterschwelligen Sarkasmus seiner Figur in Verbindung zu bringen. Arroganz und Machtbesessenheit, libidinöse Eitelkeit und professionelle Vertraulichkeit, kühle Eleganz und Distanz – Richard Gere gelang es, die verschiedenen Seiten des schillernden Medienmanagers Pete St. John glaubhaft miteinander zu vereinbaren und dadurch das Porträt eines Mannes zu zeichnen, der ein typisches Produkt seiner Zeit ist: ein Symbol der »Reaganomics«, in der das Individuum wichtiger wurde als die Gesellschaft. Mit seiner aus Filmen wie AN OFFICER AND A GENTLEMAN oder AMERICAN GIGOLO gewohnten Lässigkeit, die nur mühsam eine ans Tageslicht drängende Energie verbergen kann, verlieh Gere Pete St. John eine aufregend authentische Gestalt, die den Film zu dominieren begann, als dieser seine Geschichte aufgegeben hatte. Die Dynamik des Managers, aber auch seine überanstrengte Hektik, findet in dem rhythmischen Trommeln ebenso ihre Widerspiegelung wie in seinem federnden Gang in den Korridoren der Macht. Eindrucksvoll bewies Gere in dieser Rolle, daß er zu jenen Schauspielern gehört, die die ganze Vielfalt des urbanen Lebens zu verkörpern verstehen, die die Hektik, die Ängste, aber auch die Lust dieses Lebens mit jeder Faser ihres Körpers aufgesogen haben. Den Erfolg von POWER aber garantierte dies nicht. Nachdem der Film ein finanzieller Reinfall geworden war, befand sich Richard Gere in einer heiklen Lage. Denn mit einem Mal mußte er feststellen, daß seine Position als Star nichts mehr galt. Inzwischen hatte sich auch sein persönliches Leben verändert. Die intensive Beschäftigung mit dem Buddhismus hatte ihm andere Schwerpunkte vermittelt. Nicht das Glitzerleben in Hollywood interessierte ihn, sondern private Zurückgezogenheit und politische Stellung-

Gnadenloses Outfit: Gere im Kunststoffkostüm

nahme. Gere machte sich keine Freunde durch seine Mitarbeit bei der Flüchtlingsagentur »El Rescate« und seine Kritik an der Lateinamerika-Politik der USA. Ebensowenig stieß sein Engagement für den Dalai Lama und das unterdrückte Tibet auf allseitige Zustimmung. Doch seinem Engagement für das New Yorker Tibet-Haus ist zu verdanken, daß die tibetanische Kultur partiell überlebt.

Die hämische Freude des Hollywood-Establishment über Geres schwindenden Erfolg lag vielleicht auch darin begründet, daß sich der Star nicht vereinnahmen ließ, daß seine Beschäftigung mit dem Buddhismus keine Modeerscheinung wie bei vielen anderen Stars war, sondern Lebensinhalt. »Was mich wirklich am Buddhismus anzog, sind seine Lehren, die nicht auf Schuld und Leid beruhen. Du hast hier eine Philosophie, die dich freimacht von sinnlosem Streben und Suchen. Das Ziel ist, daß du dich von allen Formen des Leids befreist und daß du in der Lage bist, frei mit deinen Mitmenschen zu leben und schließlich in einem permanenten Glückszustand zu existieren. Ich glaube, ein sinnvolles Leben führt dich über das hinaus, was du deiner Meinung nach bist. Und das ist der einzige Weg, frei von dir selbst zu sein« (Von Kursk). Die gewonnene Distanz zum eigenen Ich verschuf Richard Gere zudem den nötigen Abstand zu dem Auf und Ab seiner Karriere. Geldsorgen hatte er inzwischen keine, also leistete er sich weiterhin den Luxus, Rollen nach seinem Geschmack auszusuchen. Daß er dabei war, sich aus dem Rampenlicht zu verabschieden, interessierte ihn weniger. Indes ließ sein nächstes Vorhaben auch alles andere als einen Mißerfolg erwarten. Die Geschichte war ein Thriller und seine Partnerin Kim Basinger, Hollywoods erotischster Star der achtziger Jahre.

NO MERCY (Gnadenlos) von Richard Pearce zeigt Richard Gere in nahezu jeder Einstellung des Films. Gere spielte Eddie Jillette, einen Undercover-Polizisten. Man muß schon genau hinschauen, um Gere in seinem Kunststoffkostüm zu erkennen. Tänzelnd bewegt er sich in einer Autowaschstraße und

›No Mercy‹: erste Begegnung mit Kim Basinger

explodiert förmlich, als er ein paar Dealer festnehmen soll. Wie eine Bombe schlägt Eddie durch die Windschutzscheibe und krallt sich am Hals des Fahrers und vermeintlichen Drogenhändlers fest. Der Mann hat nur Gras und kein Heroin bei sich, aber Eddie bekommt den Hinweis auf ein größeres Geschäft, einen bezahlten Mord. Kontaktperson sei eine Frau mit einer Tätowierung auf der Schulter, Michel Duval (Kim Basinger). Jillette gibt sich als Killer aus, läßt sich darauf ein, den Mord zu begehen, doch als er seinen Auftraggeber treffen will, schlägt das vorgesehene Opfer, der Gangster Losado (Jeroen Krabbe), schon zu. Durch die Flucht in ein Rindergehege kann Eddie dessen Killern entkommen, zu spät aber, um seinen Partner zu warnen. Der wird von Losados Männern getötet, Michel von ihnen mitgenommen.

Gegen den Willen seiner Vorgesetzten nimmt Eddie die Verfolgung auf und landet in New Orleans. Mit ungewöhnlichen, nicht gerade sehr zarten Methoden versucht er, Informationen zu bekommen, bis die lokale Polizei auftaucht und ihn zurückschicken will. Doch Eddie läßt sich von seinem Vorhaben nicht abbringen, auch wenn er von nun an illegal handelt. Er hat Erfolg und findet Michel in einer Diskothek, auf den Tip einer Tätowierungskünstlerin hin. Kurzentschlossen legt er ihr Handschellen an und verliert die Schlüssel. So entsteht eine Situation, die nun vor allem für erotische Spannung sorgt und die Regisseur Pearce weidlich nutzt. Denn Eddie und Michel werden jetzt von Losado und seinen Männern gejagt. Auf ihrer Flucht landen sie zuerst im Hafenwasser und dann in den Sümpfen des Bayou. Attraktive Schauplätze, die vor allem die körperlichen Vorzüge von Kim Basinger zur Geltung kommen ließen, zur Spannung des Films indes kaum beitrugen. Die resultierte vielmehr aus der Beziehung zwischen Eddie und Michel, deren Ausgang zwar vorhersehbar war, dennoch aber interessant blieb durch das intensive Zusammenspiel der beiden Stars.

Die erzwungene Nähe und der damit einhergehende Widerstand weicht allmählich einer Neugier aufeinander, von Gere und Basinger allein durch vorsichtig abtastende Blicke ausgedrückt. Später suchen sie immer wieder die körperliche Nähe des anderen. Kim Basinger äußerte sich überaus wohlwollend über ihren Partner, im Gegensatz etwa zu Debra Winger, und sie drehte wenige Jahre später mit FINAL ANALYSIS erneut an der Seite Geres. »Richard wußte nicht mit Leuten umzugehen, er war zu ehrlich. Er ist so sachlich und qualitätsbewußt, daß er nichts mehr an Fremde abgeben kann. Wenn man mit ihm arbeitet, spürt man, daß er die Gabe der richtigen Inspiration für eine Szene besitzt. Er ist ein sehr methodischer Schauspieler, der sich vor jeder Ablenkung abschotten und auf sich selbst konzentriert bleiben muß. Aber ich erinnere mich auch an Abende, an denen wir in Clubs gingen und Blues oder Jazz hörten und er einfach nur glücklich war. Aber die Öffentlichkeit sieht diese Seite von ihm nicht, weil er sich mit den Medien nicht sehr wohlfühlt« (Von Kursk).

Das werdende Liebespaar Eddie und Michel wird von Cajuns entdeckt, die illegale Arbeitskräfte für Losado beschaffen. Erneut gelingt ihnen die Flucht, bevor der dämonische Gang-

Feuchte Flucht: Basinger und Gere im Sumpf

ster auftaucht. Eddie bringt Michel zur Polizei, doch verhaftet wird er. Als sein Boß ihn aus dem Gefängnis rausholen kann, ist Michel längst wieder in Losados Gewalt. Der Gangster will ihr ein Kind machen, um ihre Hörigkeit wieder herzustellen. Eddie soll derweil nach Chicago zurück, macht sich aber mit der klammheimlichen Unterstützung seines Chefs wieder auf die Jagd nach Losado. Durch dessen Anwalt und Partner Deveneux (William Atherton) will er dem Gangster eine Falle stellen. Er nimmt sich in einem Hotel ein Zimmer und wartet mit der Waffe in der Hand. Zunächst aber taucht Michel bei ihm auf und warnt ihn vor den Plänen Losados. Es kommt endlich zur langersehnten Liebesnacht, vielleicht zugleich ihre letzte. Am Morgen präpariert Eddie das Hotel. Noch bevor er Michel wegschicken kann, beginnt der Kampf mit Losado. Schüsse fallen, schließlich steht das Hotel in Flammen. Eddie ist verletzt, Losado scheint gewonnen zu haben. Da wird er von Michel erschossen. Für Eddie und Michel scheint es eine Zukunft zu geben.

NO MERCY beeindruckte vor allem in einer Hinsicht. Es war nicht die Kriminalgeschichte, die faszinierte, es war der Action-Schauspieler Richard Gere. Er, der sonst durch die leise Art seines Ausdrucks auffiel, der aber immer auch seinen Körper zum Sprechen brachte, schlug sich hier mit einer für ihn überraschenden Effektivität durch die bewegte Handlung des Films, die man ihm nach dem Debakel von KING DAVID nicht zugetraut hätte. Denn in jenem historischen Action-Spektakel wirkte Geres Auftritt eher lächerlich als glaubhaft. In NO MERCY jedoch bewies Richard Gere seine Fähigkeit, überwiegend physisch zu agieren, seine innere Unruhe und Energie in geschmeidige Bewegungen umzusetzen und, auf subtile Psychologisierung verzichtend, seinem Auftritt einen proletarischen Anstrich zu verleihen. Damit erinnerte er an den Beginn seiner Karriere (in BLOODBROTHERS). Richard Gere sprang, rannte, schlug und hechtete wie ein Action-Star von der Art eines Schwarzenegger oder Bronson. Doch er unterscheidet sich von deren Eindimensionalität durch seine Begabung, Sympathie für seine Figur zu erzeugen. Das war nicht immer der Fall gewesen, doch inzwischen, in einer Phase des Mißerfolgs, hatte Gere zu dieser Fähigkeit gefunden. Unter der Regie von Richard Pearce gelang es ihm zudem, die Attitüde eines Stadtmenschen, der nur das rauhe Klima der Straße kennt, mit der Simplizität des harten Provinzlers zu vereinbaren. Nicht von ungefähr tauchte daher der Vergleich zu John Garfield auf, der in den vierziger Jahren ähnliche Rollen gespielt hatte. So zählt NO MERCY zu den unterschätztesten Filmen Geres, zumal es sein bislang bester Action-Film ist.

Richard Gere blieb sich seiner Devise treu, möglichst keine Rolle der anderen ähneln zu lassen. Ganz zu Unrecht aber schien er sich im Genre des Action-Kinos nicht zu Hause zu fühlen. Vielleicht glaubte er sich darin durch den Mißerfolg des Films bestätigt. Vielleicht trieb er deshalb ein Projekt voran, das zu seinen langgehegten Wünschen gehörte: MILES FROM HOME, die Geschichte eines Farmers vor dem Hintergrund des ökonomischen Niedergangs des Mittleren Westens. In nur 45 Tagen für ein Budget von knapp fünf Millionen Dollar gedreht, inszeniert von dem Regie-Neuling Gary Sinise. Ein hohes Risiko, das sich erneut nicht auszahlen sollte. Was ebenfalls nicht recht nachvollziehbar ist, denn der Film kann vor allem wegen seiner Atmosphäre gefallen. Gary Sinise hatte schon als Neunzehnjähriger eine eigene Theatertruppe, das »Steppenwolf Theatre«, in seiner Geburtsstadt Chicago gegründet und war in den folgenden Jahren zu einem der angesehensten Bühnen-Regisseure und -Autoren geworden. Auch als Schauspieler trat er gelegentlich in Erscheinung. Für Michael Mann drehte er zwei Episoden der Krimiserie CRIME STORY, bevor er sich mit MILES FROM HOME dem Kino zuwandte. Es war eine unabhängige Außenseiterproduktion, und es war ungewöhnlich genug, daß ein Hollywood-Star wie Richard Gere darin mitwirkte. »Wir hatten sogleich dieselbe Wellenlänge«, erinnerte sich Sinise, »und für mich ist Richards Interpretation die beste seit langer Zeit« (Chaillet). Das ist nicht ganz nachzuvollziehen, denn einmal mehr sollte sich herausstellen, daß die urbane Erscheinung Geres in ländlicher Umgebung seltsam deplaziert wirkt. Mimik und Gestik sind die eines Großstädters, und von der Motorik blieb allein das Rebellische erhalten.

Die Handlung von MILES FROM HOME erinnert an die Romane von John Steinbeck und beginnt in Amerikas Heartland in den sechziger Jahren. Frank Roberts senior (Brian Dennehy) wird Farmer des Jahres, was ihm außer einer Trophäe den Besuch von Nikita Chruschtschow einbringt. Jahre später sind seine Söhne Frank junior (Gere) und Terry (Kevin Anderson) erwachsen und haben die Farm übernommen. Ihr Vater ist tot und ihre Existenz bedroht, denn ein Regen hat die Maisernte vernichtet. Sie müssen ihre Angestellten entlassen und Teile ihres Hausrats verkaufen. Auf der Suche nach einem Schnäppchen tauchen Sally (Penelope Ann Miller) und ihre Freundin Jennifer (Helen Hunt) auf. Sie kaufen eher aus Mitleid etwas von dem Brüderpaar. Terry verliebt sich sofort in Sally, während Frank mürrisch und in sich gekehrt abseits sitzt.

Als die beiden Brüder dann erfahren, daß ihre hochverschuldete Farm von der Bank über ihre Köpfe hinweg verkauft wurde, wird Frank gewalttätig. Er brennt alles nieder, zuerst das Haus, dann den Stall, dann das Silo und schließlich das Maisfeld. Richard Gere hat schauspielerisch hier seine besten Momente. In einer stimmigen Balance zwischen melancholischer Besinnung und impulsiver Emotion, zwischen resignierter Traurigkeit und wütendem Aufbrausen macht er beide Seiten seiner Figur deutlich und legt schon früh deren Scheitern nahe. Es sind die typischen Eigenschaften eines Außenseiters und Verlierers, jene Mischung aus Gefühl und Rebellion, aus der Geres darstellerisch ansprechendste Rollen gefertigt waren. So wirkte er auch hier ziemlich gelöst, nichts ist von seinen typischen Gesten zu sehen, sein Spiel schien

Melancholisch und impulsiv: mit Filmbruder Kevin Anderson in ›Miles from Home‹

eher aus dem Bauch heraus zu kommen, war instinktiv und lud ein zur Identifikation mit dem Verlierer.
Die Tat macht Furore und die beiden Brüder zu Helden der anderen Farmer, die auch um ihre Existenz fürchten müssen. Auf der Flucht vor der Polizei finden Frank und Terry zunächst Unterschlupf bei einer Kellnerin, die ebenfalls ihre Farm verloren hat. Als ein Polizist auftaucht, wird er von den Brüdern überrumpelt und gefesselt. Jetzt sind sie zu Outlaws geworden. Um weiter fliehen zu können, stehlen sie ein Auto

und fahren ohne konkretes Ziel davon. Durch die Vermittlung einer »exotischen« Tänzerin (Laurie Metcalf) geraten sie an den Journalisten Barry Maxwell (John Malkovitch), der ihre Tat zwar nicht versteht und für reichlich kurzsichtig hält, ihre Story aber exklusiv vermarktet. Frank und Terry werden für das Interview und den anschließenden Fototermin bezahlt, doch das Geld macht sie auch übermütig.

Ihre Flucht führt sie zurück. Frank verpraßt das Geld sinnlos auf einem Jahrmarkt und zieht dann die Aufmerksamkeit durch eine Tat auf sich, die den Beifall des Publikums auslöst. Der Sponsor einer Rodeo-Veranstaltung quält eine Kuh bis zum Umfallen. Frank geht in die Arena und erschießt das Tier. Die Menschen ermöglichen seine Flucht. In dem Glauben, daß die Leute ihn wirklich mögen, verliert er in der Folge allmählich den Kontakt zur Wirklichkeit. So überfällt er die Bank, die ihm die Farm pfändete. Doch der Überfall entgleitet ihm, Terry weigert sich mitzumachen und kann gerade noch verhindern, daß Frank zum Mörder wird. Es scheint, als agiere dieser nur noch für ein Publikum, dessen Applaus aber ausbleibt. Frank wacht auf aus seiner Trance.

Die Brüder sind wieder auf der Flucht. Sie finden Unterschlupf bei einem Farmer, dem sie dankbar bei der Ernte helfen. Endlich haben sie zu dem zurückgefunden, was sie können – Farmarbeit. Dann aber werden sie entdeckt. In letzter Sekunde gelingt ihnen erneut die Flucht, die durch Franks Impulsivität fast gefährdet wäre. Es kommt zum Streit zwischen den Brüdern, sie prügeln sich. Frank gibt seinem Vater die Schuld für sein verpfuschtes Leben. Er macht ihn dafür verantwortlich, daß er nicht in der Lage war, die Farm zu halten. Frank fühlt sich als Versager und ist voller Selbstmitleid, als er am Grab des Vaters um Verzeihung bittet. Die Brüder versöhnen sich wieder, doch ihre Wege sind von nun an getrennt. Terry wird sich den Behörden stellen und mit Hilfe von Sallys Vater, einem Anwalt, einem Prozeß ins Auge sehen. Er hat in Sally jemanden gefunden, der ihm einen Sinn im Leben gibt. Frank wird weiter fliehen, nach Kanada, ganz auf sich allein gestellt. Der Film läßt ihre Zukunft offen.

Richard Gere vermochte in seiner Rolle des rebellischen Farmers, die er selbst wohl zu seinen besten zählt, nicht ganz zu überzeugen. Terrence Malick hatte ihm in DAYS OF HEAVEN einen anderen Hintergrund gegeben, der seine etwas unstimmige Landarbeiter-Figur erklärte. Sinise aber ließ seinen Hauptdarsteller allein, und so entstand ein Freiraum, den Gere zwar nicht für schauspielerische Eskapaden nutzte (dazu besitzt er zuviel Respekt vor den Rollen), den er aber auch nicht zu füllen verstand. Immer wieder behalf er sich mit einer Mimik und mit Gesten, die typisch für ihn geworden sind.

Zwei Volkshelden

Top-Model: Cindy Crawford

Obgleich ihm dieses Projekt am Herzen gelegen hatte, machte er darin keine überzeugende Figur, und dies eben nicht nur, weil er auf den Straßen einer Großstadt passender wirkt als auf einem Traktor. Vielleicht lag seine geringe Ausstrahlung in der Rolle des Rebellen, der Versager und Verführer zugleich sein soll, auch in seinen Lebensumständen begründet.

Nach sieben Jahren hatte er seine Beziehung zu Sylvia Martins beendet. Als neue Begleiterin tauchte an seiner Seite das nahezu zwanzig Jahre jüngere Top-Model Cindy Crawford auf, das er im Dezember 1991 in einer buddhistischen Zeremonie heiratete. Bekannte des Paares ließen verlauten, daß Cindy Crawford vor allem dafür verantwortlich sei, daß Gere zu einem entspannteren Umgang mit der neugierigen Öffentlichkeit gefunden habe und auch wieder mit der Presse rede. Für Richard Gere aber befand sich seine Karriere an einem Wendepunkt. Seit 1983 hatte er nun schon keinen Kassenschlager mehr vorzuweisen – für einen Star seines Kalibers höchst ungewöhnlich.

»Ich schaute mich um und fragte mich, warum werden mir bestimmte Filme nicht angeboten?«, reflektierte Gere über diese schwierige Zeit. »Und die Anwort war, du hast keinen Erfolg an der Kinokasse, Kumpel. Du bist angeschmiert. Es gab einen Punkt, an dem ich dachte, es wäre mutig, aus dem Geschäft auszusteigen. Aber dann dachte ich, nein, mutig ist, im Geschäft zu bleiben. Es gibt noch einiges, das ich machen will. Ich habe große Pläne für tolle Projekte. Also sagte ich mir, o.k., dieses Jahr mache ich drei Filme hintereinander, die besten, die ich finden kann« (Sessums). Wie sich bald herausstellte, hatte Richard Gere das Gespür für die richtigen Rollen zur richtigen Zeit. Fast über Nacht wendete sich seine Karriere. Zeigte sie zuvor noch steil nach unten, schoß sie bereits nach zwei Filmen senkrecht nach oben. Durch INTERNAL AFFAIRS und PRETTY WOMAN wurde Gere zum erfolgreichsten Schauspieler, zum führenden *leading man* der beginnenden neunziger Jahre. Was für ihn selbst vermutlich ebenso überraschend kam wie für die gesamte Filmbranche.

Rückkehr zur Mitte

Vielleicht war es Richard Geres bekannter Mut für ungewöhnliche Rollen, die die Produzenten von INTERNAL AFFAIRS (Trau ihm – er ist ein Cop) 1989 dazu bewogen, ihm die Rolle des korrupten, verschlagenen Polizisten Dennis Peck anzubieten. Wohl kein anderer Hollywood-Star mit seiner Ausstrahlung hätte es gewagt, eine derart bösartige Figur darzustellen. Jack Nichsolson oder Robert De Niro gewiß, aber bei beiden wäre man nicht überrascht gewesen. Gere indes, als Sexsymbol bekannter denn als Charakterdarsteller, gelang die Überraschung perfekt – und es wurde eine seiner besten schauspielerischen Leistungen überhaupt. Ebenso überraschend wäre es aber wohl auch gewesen, ihn in einem Action-Thriller wie DIE HARD zu entdecken, der in der Tat zunächst für Gere konzipiert war, bevor Bruce Willis die Heldenrolle übernahm, oder in dem Finanzkrimi WALL STREET, bei dem er die Rolle ablehnte, die dann Michael Douglas spielte.

»Als mir mein Agent das Drehbuch von INTERNAL AFFAIRS gab«, erläuterte Richard Gere später, »habe ich es mehrfach innerhalb einiger Wochen gelesen, um zu klären, weshalb ich es so verstörend fand. Als würde es sich um eine menschliche Manipulation handeln, wollte ich das kennenlernen, was ich in meinem eigenen Leben in der Art von Dennis Peck kontrolliere und manipuliere. Das war ein sehr gefährliches Unterfangen, sehr gewalttätig, sehr sexuell, ich war mir nicht sicher, ob ich es spielen könnte. Es handelte sich nicht darum, Zugeständnisse an die Moral oder die Religion zu machen, aber herauszufinden, ob diese Gedanken annehmbar seien. Nicht wegen des damit verbundenen Geldes, sondern wegen der Gefühle, die sie hervorriefen« (Merrick). Es war letztendlich eine Rolle, die das erfüllte, was Gere von seinen Rollen erwartete: das Vordringen in unentdeckte Bereiche, das Aufspüren verborgener Seiten und verschütteter Geheimnisse, das

Die Polizei, dein Freund und Ausbeuter: ›Internal Affairs‹

Erhellen von dunklen Zonen – auch beim Zuschauer. Die abgründig böse Seite des Dennis Peck hinter einer verführerischen Fassade erlaubte es Richard Gere, ein ganz neues Rollenkapitel aufzuschlagen. Von nun an sollten seine Rollen an Dimension gewinnen. Und ihrem Darsteller die Rückkehr zur Mitte der Leinwand bescheren. Richard Gere konnte sich wieder als dominierendes Element eines Films beweisen, während die Kamera ihn heftiger liebte als je zuvor.

Noch während des Vorspanns wird der Zuschauer Zeuge von Dennis Pecks erstem Vergehen. Er schiebt einem unbewaffneten, von einem Kollegen erschossenen Mann eine Waffe unter und konstruiert den Mord als Notwehr. Peck verzieht keine Miene beim bösen Spiel, aber er macht deutlich, daß der Kollege ihm nunmehr verpflichtet ist. Mit seinen kurzgeschnittenen grauen Haaren und der exakt sitzenden Uniform hat Peck zweifellos etwas Militärisches an sich – ein Macho, wie er im Buche steht. Doch schon wenig später scheint sich dieses Bild zu revidieren. Denn er besänftigt seinen Partner Van Stretch (William Baldwin, ein Bruder des berühmteren Alec), der seine Frau aus Eifersucht mißhandelt. Peck nimmt Van Stretch in seine Arme, streichelt ihn, blickt ihm tief in die Augen – die homoerotische Andeutung war beabsichtigt. Was Peck seinem Freund nicht sagt und was seinen Charakter kennzeichnet, ist der Umstand, daß er selbst mit Van Stretchs Frau ein Verhältnis hat. Dennis Peck, zwar nur von untergeordnetem Rang, ist der heimliche Herrscher seiner Abteilung. Durch ein ausgeklügeltes System von Gefälligkeiten hat er sich die Abhängigkeit seiner Kollegen gesichert. Er sorgt dafür, daß deren Familienverhältnisse stimmen, indem er die Arbeitsschichten am Wochenende entsprechend organisiert, er besorgt billige Kredite, die den Polizisten seiner Abteilung einen auffällig hohen Lebensstandard ermöglichen.

Raymond Avila (Andy Garcia) ist Untersuchungsbeamter der Abteilung Internal Affairs, der Polizei-internen Aufsichtsbehörde. Zusammen mit seiner resoluten Kollegin Amy Wallace (Laurie Metcalf) beginnt er mit Nachforschungen in Pecks Abteilung. Bei seinem alten Schulfreund Van Stretch setzt er an und wird auch sogleich fündig. Raymond sammelt Beweise für die Korruption innerhalb der Abteilung und glaubt in Dennis Peck den Drahtzieher zu kennen. Der bleibt zunächst gelassen, doch als Avila weiter recherchiert, reagiert er. Zunächst versucht Peck, Van Stretch aus der Schußlinie zu bekommen. Vergeblich. Der Polizist scheint aussagewillig. Dann handelt Dennis Peck auf perfide Weise überaus clever. Er macht Raymond Andeutungen, daß dessen Frau Kathleen (Nancy Travis) eine Affäre habe. Avila schlägt ihn ins Gesicht, was Dennis ein triumphierendes Lächeln abringt.

Nach und nach zeigt sich das Ausmaß seiner Korruptheit. Dennis trifft einen Geschäftsmann, der ihn für einen Mord engagieren will. Peck ist interessiert – am Geld und an der

Frau des Auftraggebers. Später dann arrangiert er den Tod des aussagebereiten Van Stretch und erschießt anschließend dessen Killer. Er legt sogar selbst Hand an, als Van Stretch noch ein Lebenszeichen von sich gibt. Lästige Zeugen sind beseitigt, Peck steht unbescholten da. Doch Raymond hat die Untersuchung zu seiner Privatangelegenheit gemacht. Er beobachtet, wie sich seine Frau Kathleen mit Dennis in einem Restaurant trifft. Einige Zeit danach stoßen beide im Fahrstuhl aufeinander. Peck schlägt Avila zusammen und bestätigt ihm, eine Affäre mit Kathleen zu haben. Mit einem diabolischen Grinsen drückt er ihm einen Schlüpfer in die Hand. Raymond dreht durch und ist nun da, wo Dennis ihn haben wollte:

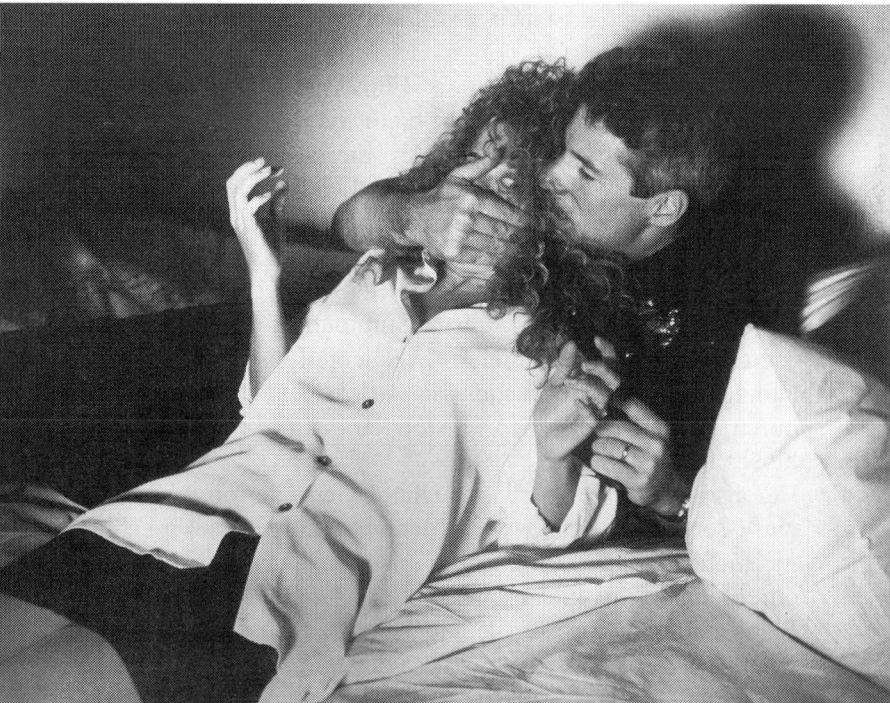

Terror bis zum Tod

unfähig, weiter objektiv gegen ihn zu ermitteln. Ein Zufall aber leitet Pecks Ende ein.

Seine Frau Heather (Annabella Sciorra) hört von der Ermordung eines Ehepaares und erinnert sich, den Namen in Dennis' Notizen gesehen zu haben. Von ihrem Mann ohnehin nicht sonderlich gut behandelt, entschließt sie sich, zu Raymond und Amy zu gehen. Währenddessen beseitigt Dennis den Auftraggeber des Mordes, nicht ohne zuvor mit dessen Frau geschlafen zu haben. Aufgrund Heathers Informationen tauchen plötzlich Raymond und Amy auf. Dennis schießt die Polizistin nieder und kann entkommen. Er flüchtet sich in Avilas Wohnung, wo er Kathleen terrorisiert. Als Raymond schließlich eintrifft und ihn festnehmen will, provoziert Dennis, der weiß, daß er verloren hat, seinen Tod. Er bringt Raymond dazu, ihn zu erschießen.

Die Handlung von Mike Figgis' Film glänzt nicht unbedingt durch ihre Originalität. Zu sehr bleibt sie in den Mustern des Genres. Wirklich gelungen aber ist die düstere Atmosphäre, obgleich die Geschichte im sonnigen Los Angeles stattfindet, und die erzählerische Energie, mit der Figgis seine Story vorantreibt. Schon in seinem britischen Jazz-Krimi STORMY MONDAY hatte sich Figgis als ein Regisseur gezeigt, der ein ausgeprägtes Gespür für sinistre Stimmungen besitzt und der es versteht, aus Schauspielern exzellente Leistungen herauszuholen. Tatsächlich besticht INTERNAL AFFAIRS vor allem durch die darstellerischen Leistungen bis in die Nebenrollen hinein.

Herausragend allerdings ist Richard Gere, der einen furchteinflößenden und misogynen Macho verkörpert. »Wir schlagen nicht vor, daß die Menschen so miteinander umgehen, wie wir es im Film tun«, mußte Gere den dunklen Ansatz des Films und seine erschreckende Überzeugungskraft verteidigen. »Oder daß dies die Zukunft der Menschheit wäre. Der Film handelt von Typen, die wirklich in der Scheiße stecken. Frauen kommen im Film nicht gut weg, keine Frage. Aber es

Homosexuelle Anklänge: ›Internal Affairs‹

ist seltsam, wie manche Leben in der Wirklichkeit tatsächlich so sind. Wir haben das nicht erfunden. Ich glaube auch nicht, daß wir etwas verherrlicht haben. Genau das Gegenteil. Aber die Typen machen, was Typen so machen... es ist ein sehr homoerotischer Film« (Sessums). Für das Publikum von Richard Gere (wenn es diese unterschwellige Note denn erkannt hatte) mußte es wie ein Schock wirken, Hollywoods lateinischen Liebhaber und Sexsymbol auf solchen Pfaden wandeln zu sehen. Doch schon im Theaterstück »Bent« hatte Gere ja einen Homosexuellen verkörpert, und auch Rollen wie die narzistische in AMERICAN GIGOLO oder die kriegerische in KING DAVID wiesen homoerotische Aspekte auf. Dazu paßt, daß Dennis Peck in Raymond Avila seinen eigentlichen

Gegenspieler sieht – mehr noch, er erkennt in ihm einen Gleichgearteten.

Das beherrschte, elegante Auftreten Geres in der Rolle eines korrupten Polizisten, die Abgründe, die er hinter einer scheinbar glamourösen Fassade erkennen läßt, machen das Abartige dieser Figur überdeutlich. Ihrem Darsteller gelang es, sein Image nachhaltig zu durchbrechen. Seine schauspielerischen Mittel blieben dabei die gleichen, doch wo sein Blick früher Wärme und Verständnis verhieß, drückten seine kleinen braunen Augen nun mörderische Entschlossenheit und Kälte aus. Sein Körperspiel war geschmeidig wie eh und jeh, doch hier diente es dem Verbrechen und der Flucht vor der Entdeckung. Insgesamt aber wirkte er so ruhig in dieser Rolle wie selten zuvor, als wollte er das Motto John Garfields beherzigen und als guter Schauspieler beweisen, in der Lage zu sein, ruhig zu bleiben und absolut nichts zu machen.

»Richard Gere hat von Beginn an ausgezeichnete Arbeit geleistet«, meinte Mike Figgis, »er war etwas beklommen, unruhig, eine derart kalte, wilde Figur zu spielen, die seine Karriere wirklich umschlagen lassen könnte. Richard ist mit den Jahren attraktiver geworden, seine Haare grau, seine leichten Falten machen ihn verführerischer als je zuvor. Er mußte lange diskutieren, um den idealen Einsatzbereich zu finden, er hat eine sehr präzise Kameraerfahrung« (Merrick, 2). »Dedicated to Serve« (dem Dienen verpflichtet) lautet ein Schriftzug an der Tür von Dennis Pecks Streifenwagen. Er könnte auch für Richard Gere gelten – er stellte seine Erscheinung in den Dienst einer Rolle, die eigentlich nach Action zu verlangen schien, durch seine subtile Zurückhaltung aber eine hypnotische Wirkung erzielte. Nach seinen Mißerfolgen gelang ihm erst durch den Bruch mit einem ihm auferlegten Rollenklischee wieder ein großer Erfolg. INTERNAL AFFAIRS bedeutete ein prachtvolles Comeback, das durch den folgenden Film allerdings noch übertroffen werden sollte. PRETTY WOMAN hieß die leichte Komödie, mit der die nahezu unbekannte Julia Roberts zum Weltstar avancierte – an der Seite von Richard Gere.

Es ist eine uralte Geschichte, die von Aschenputtel und ihrem Prinzen, allerdings auf etwas profanerer Ebene: die Nutte und der Millionär, am Ende ein Paar. Geschichten wie diese machen den Erfolg Hollywoods aus. Hollywood, ruft am Ende von PRETTY WOMAN ein Passant, ist der Ort, wo Träume wahr werden. Zum Beispiel der einer unbekannten Schauspielerin namens Julia Roberts. Die Film-Industrie, durch kommerzielle Flops zutiefst verunsichert und schwer von der beginnenden Rezession in den USA betroffen, hatte plötzlich in ihr einen Hoffnungsschimmer in einer Zeit gefunden, in der Romantik neu ersehnt wurde, um die Philosophie des Yuppietums zu ersetzen, als dessen Vertreter Richard Gere hier er-

Heterosexuelle Annäherung: ›Pretty Woman‹

scheint. Dabei zögerte er lange, die Rolle des reichen, kühlen Geschäftsmannes Edward Lewis anzunehmen. »Als ich das Drehbuch las, klang es nicht vielversprechend. Ein anderer Grund war, daß ich nie eine Komödie gemacht hatte. (…) Ich glaubte nie daran, daß der Film überhaupt etwas einspielen würde. Aber Garry Marshall, der Regisseur, erklärte mir, daß er einen Film versuchen wollte, in dem meine Figur wie die von Cary Grant in den Komödien der Vierziger wirken würde. Das gab mir eine Vorstellung, wie an diesen Film heranzugehen sei. Mit Julia Roberts war alles sehr einfach, und die Zuschauer reagierten auf diese Chemie« (Von Kursk).

Schon der Anfang von PRETTY WOMAN stimmt ein auf das emotionale Mißverhältnis reicher Geschäftsmänner und ihrer gefühlskalten Frauen. Geld steht im Mittelpunkt der Gespräche, und es bestimmt auch das Denken des Gastgebers, des reichen Unternehmers Edward Lewis, das Haar graumeliert und die Erscheinung elegant, aber offensichtlich gelangweilt von seinem inhaltsleeren Leben. Am Telefon hat ihm seine Freundin gerade den Laufpaß gegeben, weil sie mehr mit seiner Sekretärin als mit ihm gesprochen habe. Edward bleibt ungerührt, allenfalls ein Schimmer Nachdenklichkeit erscheint in seinem Gesicht. Mit dem Sportwagen seines Anwalts Philip Stuckey (Jason Alexander) fährt er anschließend durch Los Angeles, in dem er sich nicht auskennt und verfährt. Kein Wunder, daß er nach dem Weg fragen muß. So lernt er die junge Prostituierte Vivian (Julia Roberts) kennen, die auf dem Hollywood Boulevard tätig ist, wo die Nutten über die im Boden eingelassenen Sterne der Filmstars wandeln. Für zehn Dollar würde Vivian ihm helfen, doch Edward schüttelt ablehnend den Kopf. Als er dann aber ihre Figur sieht, ist er einverstanden. Vivian steigt zu ihm in den Wagen, dazu bereit, für zwanzig Dollar sogar den Weg selbst zu zeigen. Nach einer Weile läßt Edward, der mit der Schaltung des Autos nicht fertig wird, Vivian ans Steuer. Er ist erstaunt, als sie ihren Preis für eine Stunde nennt: 100 Dollar.

Vor seinem Hotel angekommen, zögert Edward, scheint etwas abzuwägen, während Vivian auf einer Bank sitzend auf den Bus wartet, der sie zurückbringen soll. Edward hat sich entschlossen, er lädt sie ein, ihn ins Hotel zu begleiten. Mit seinem Trenchcoat überdeckt er ihre billige Kleidung, kann aber nicht vermeiden, daß sie auffällt. Vor dem Lift spielt sie einem arroganten, abschätzig blickenden Ehepaar eine Szene vor, die ihre langen Beine voll zur Geltung bringt. Sie konnte nicht anders, als diese Snobs zu provozieren, entschuldigt sie sich im Aufzug bei Edward, dessen Blick ebenfalls ihren Beinen gegolten hatte. In seinem Penthouse beginnt er sofort zu arbeiten, während Vivian ungeduldig wird, wann es endlich zur Sache geht. Edward aber hat anderes im Sinn. Er bestellt Champagner mit Erdbeeren und belehrt die Bordsteinschwalbe über die Gaumenfreuden der Kombination von Süssem (Erdbeeren) und Prickelndem (Champagner), ganz der Genießer von Welt. Vivian macht große Augen, hat aber andere Vorstellungen von Genüssen. Edward reagiert auf ihr Angebot ablehnend, nicht ganz nachvollziehbar, will man den Blicken glauben, die er Vivian zuwirft. Dann macht er ihr den Vorschlag, die ganze Nacht zu bleiben. Für 300 Dollar ist sie einverstanden. Irgendwie scheint es ihr jetzt ganz recht, daß Edward lieber arbeitet, während sie sich bei alten Filmen im Fernsehen vergnügt. Schon vorher aber wird deutlich, was beide aneinander interessiert. Edward wird immer wieder aufs Neue von ihrem Verhalten und ihrer natürlichen Unbekümmertheit überrascht. Vivian dagegen muß bei ihm keine Angst haben, sondern empfindet eher Mitleid für ihn. Später in der Nacht finden sich beide dann doch noch. Vorausgegangen ist dem ein langer, intensiver Blick Edwards, in den er seine Gefühle für sie gelegt hatte.

Am folgenden Morgen ist er schon wieder bei der Arbeit. Unterbrechen läßt sich der Workaholic Edward nur durch Vivian, die gerade aus dem Schlafzimmer kommt und jetzt rothaarig ist, mit einer unzähmbaren, wuscheligen Haarmähne. Sie fragt ihn nach seiner Arbeit, und als Edward ihr erzählt, Firmen aufzukaufen und anschließend stückweise mit Gewinn wieder zu verkaufen, erkennt sie in ihrer direkten, einfachen Art den Wert seiner Tätigkeit. »Du produzierst nichts, du baust nichts«, sagt sie und vergleicht ihn mit einem Autodieb, der zuerst einen Wagen stiehlt und ihn dann in Einzelteilen verkauft. Edward lächelt amüsiert über diesen Vergleich (und Richard Gere vermittelt dabei ganz unauffällig, daß er Vivians Meinung teilt). Als Edward dann amüsiert die in der Badewanne singende Vivian beobachtet, faßt er einen folgenschweren Entschluß: Er bietet ihr an, die nächsten sechs Tage seine Begleiterin zu sein. Man einigt sich auf einen Preis: 3000 Dollar. So sollte der ursprüngliche Titel des Films lauten, als das Konzept noch ein anderes war.

Immer mehr pretty: Julia Roberts

Ausflug in die Oper

Zu dieser Zeit war das Projekt bei einem anderen Studio angesiedelt. Es ging um die dramatische Liebesgeschichte zwischen einer Prostituierten und einem Geschäftsmann, mit sozialkritischen Tönen und ohne Happy End. Als die Disney-Tochterfirma Buena Vista die Rechte am Stoff erwarb, veränderte sich das Buch vollkommen. Was zuvor tragisch und grau war, wich nun einer komödienhaften Leichtigkeit. Als Regisseur wurde Garry Marshall engagiert, der aus dem Sozialdrama eine leichte bis seichte Aschenputtel-Version schneiderte. Bevor er in sein Büro entschwindet, drückt Edward Vivian ein Geldbündel in die Hand, mit dem sie für ein vorgesehenes Geschäftsessen die entsprechende Garderobe einkaufen soll. Eine lässige Geste des wieder kühlen Geschäftsmannes, die gespaltene Reaktionen hervorrief. Ein Teil der weiblichen Zuschauer kritisierte das darin vermittelte Rollenbild, ein anderer Teil erfreute sich an den Gedanken, einmal selbst in eine solche Traumsituation zu gelangen. Vivian stößt auf Ablehnung in den vornehmen Boutiquen, doch in dem verständigen Hotelmanager Bernie (Hector Elizondo) findet sie einen diskreten Helfer, der ihr das passende Kleid besorgt. Am Abend hat sich Edward mit Vivian in der Hotelbar verabredet. Zuerst erkennt er sie nicht, dann entdeckt er, daß die aufregende Schönheit in dem schwarzen Cocktailkleid Vivian ist, deren natürliche Schönheit in Verbindung mit klassischer Eleganz eine neue Persönlichkeit zeigt.

Beim Geschäftsessen entpuppt sich in Vivians Augen Edward als der eiskalte Geschäftsmann, der er ist. Sie hat jetzt erkannt, daß sich beide nicht sehr voneinander unterscheiden. Denn in ihren Geschäften sind Gefühle nicht erlaubt. Doch schon längst gilt das nicht mehr für sie beide, wenngleich Edward noch einmal zynisch ihre Gemeinsamkeiten resümiert: »Wir beide legen die Menschen für Geld aufs Kreuz«. Später, in der Nacht, lieben sie sich auf dem Piano, das Edward allein und unbemerkt gespielt hat. Die elegische Melodie stammte übrigens aus der Feder Geres und wurde von ihm selbst gespielt. Am nächsten Morgen fragt Edward Vivian, warum sie sich nur *ein* Kleid gekauft habe. Weil die Leute so unfreundlich zu ihr waren, antwortet ihm Vivian. Edward ergreift die Initiative und geht mit ihr in eine Edelboutique. Er will ein Vermögen loswerden und erwartet entsprechenden Service. Ein Auftritt von Richard Gere, der zeigt, wie überzeugend er städtische, moderne Figuren verkörpert. Unglaublich sicher wirken seine geschmeidigen Bewegungen und sein Verhalten gegenüber den Verkäufern. All das spielt er, ohne erkennbar darstellerische Mittel einzusetzen. Seine Kunst, mimische Mittel weitgehend zu reduzieren, erlebte in PRETTY WOMAN einen Höhepunkt. Etwa, als er mit kurzen Blicken erstaunt und erfreut bemerkt, wie zu den Klängen von Roy Orbisons titelgebendem Song »Pretty Woman« sich das einfache, hübsche

Mädchen mit den billigen Klamotten zu einer elegant gekleideten *pretty woman* wandelt.
Bei einem von Edward veranstalteten Poloturnier stellt er sie als seine Begleiterin der Öffentlichkeit vor. Das kreiert eine kleine Sensation, denn er gilt als einer der begehrenswertesten Junggesellen in der High Society. Dann begeht er einen Fehler. Er erzählt seinem Anwalt Stuckey von Vivians Herkunft, und dieser macht ihr sogleich ein entsprechendes Angebot. Tief verletzt will Vivian Edward anschließend verlassen. Sie fühlt sich verraten und gedemütigt, und Edwards kalte Haltung ist nicht dazu angetan, sie zu besänftigen. Sie besteht darauf, ausbezahlt zu werden, alles scheint zu Ende, doch dann läßt sie das Geld liegen. Als Edward dies bemerkt, führt er einen kurzen inneren Kampf. Noch keiner hat sein Geld

Ob das Diät-Getränk gegen Mattheit hilft?

zurückgewiesen. Dann hat er sich entschieden und eilt ihr nach, um Verzeihung bittend.

Edward mit seinem scheinbar unendlichen Reichtum, an dem er ganz allmählich zu zweifeln beginnt, führt Vivian in die Oper. Natürlich auf eine Art und Weise, die nur ein Leinwand-Millionär sich leisten kann. Ein Privatjet bringt die beiden in die Oper von San Francisco, und ein teures Collier um Julia Roberts' schlanken Hals wird zum Blickfang. Erstaunlich aber ist, daß Edward ein Opern-Liebhaber sein soll. Die Figur wies überhaupt einige Ungereimtheiten auf, die auch von Richard Gere nicht völlig überspielt werden konnten, obgleich er sich alle Mühe gab. Überraschend dann auch, daß Edward sich am folgenden Morgen überreden läßt, nicht ins Büro zu gehen, sondern sich einmal wie ein normaler Mensch zu verhalten. Mit einem Picknick im Park und bloßen Füßen auf dem Rasen, eine Szene, in der Gere höchst skeptisch wirkt. Doch er zog sich stilvoll aus der Affäre und überließ seiner Partnerin das Augenmerk dieser Szene.

Die Handlung des Films steuert zielstrebig, aber langsam auf ihren Höhepunkt zu. Endlich werden Edward und Vivian ein Liebespaar. Sie vergißt zum ersten ihre »professionelle« Regel, den Kunden nicht auf den Mund zu küssen. Allerdings steht das Happy End noch nicht sofort bevor, gefühlsbedingte Komplikationen treten ein. Edward hat ihre Zukunft bereits in seinem Sinne arrangiert, mit Wohnung und Auto für Vivian, die mit dieser Art und Weise überhaupt nicht einverstanden ist, denn sie wartet auf etwas anderes – auf einen Prinzen, der sie rettet, nicht aber ihr Auto und Wohnung bezahlt. Während sich Edward noch nicht dazu durchringen kann, das – auch vom Zuschauer – sehnlichst erwartete »Ich liebe dich« auszusprechen, wandelt er sich wenigstens im geschäftlichen Bereich zum Menschen. Statt eine Firma zu vernichten, entscheidet er sich für ihre Sanierung. Anschließend läuft er barfuß im Park.

Das Ende ist nahe. Edward muß zurück nach New York und

Das Happy-End mußte kommen: ›Pretty Woman‹

ist nicht in der Lage, die entscheidenden Worte zu sagen. So läßt er Vivian widerstandlos gehen, die sich längst entschlossen hat, ein neues Leben anzufangen. Sie ist schon auf dem

Weg aus ihrer Wohnung, als sie die Arie von »La Triviata« hört. Ein Blick aus dem Fenster bestätigt ihr Gefühl, Edward hat es sich anders überlegt und wird sie mitnehmen. Er schafft es sogar, seine Höhenangst zu überwinden und die Feuerleiter zu ihrer Wohnung hinaufzusteigen, wo ihn Vivian bereits erwartet. Die Musik braust auf und der Zuschauer wird noch einmal daran erinnert, daß Hollywood eine Traumfabrik ist.
Der Erfolg von PRETTY WOMAN übertraf alle Erwartungen. Allein in den USA brachte der Film an die 200 Millionen Dollar in die Kassen und in Deutschland mehr als zehn Millionen Zuschauer in die Kinos. Auch in Italien, Frankreich, Japan und Australien spielte der Film zweistellige Millionensummen ein und wurde auch als Video ein umwerfender Erfolg. Julia Roberts stieg zum Idol und Weltstar auf, während Richard Gere wieder ungefährdet seinen Platz einnehmen durfte als Hollywoods attraktivster Liebhaber und als romantisches Idol der neunziger Jahre. Gere wirkte überzeugend in der Rolle des aalglatten, eleganten Geschäftsmannes, des Yuppie mit grauen Strähnen (aber ohne Persönlichkeit), der im Lauf der Bekanntschaft mit Vivian entdeckt, daß auch er Gefühle hat, daß andere Dinge im Leben von Bedeutung sein können, daß Glück sich nicht am Kontostand ablesen läßt. Geres darstellerische Kunst offenbarte sich in kleinen Gesten, markanten Blicken und sparsamer Mimik – ein Minimalist der Emotion, im Gegensatz zu Julia Roberts, deren Gefühle unmittelbar und ohne emotionale Distanz zu erleben sind. Mit einer »Oscar«-Nominierung wurde daher wohl eher ihr persönlicher Einsatz belohnt.
Große Anerkennung erhielt Richard Gere, früher von vielen als eigensinnig und eigennützig bezeichnet, für seine Kooperation mit Regisseur Garry Marshall. In einer für einen Star seines Kalibers untypischen Zurückhaltung ließ er der unbekannten Julia Roberts den Vortritt. Alle Aufmerksamkeit, alle Sympathien richteten sich auf sie; die Figur des Edward Lewis und damit ihr Darsteller Gere diente eher dazu, ihr die Reak-

200 Millionen Dollar und Lob von Regisseur Garry Marshall (rechts): bei der Arbeit an ›Pretty Woman‹

tionen zu ermöglichen. Der Zuschauer konnte erleben, wie dem Sexsymbol Gere von einem neuen Idol der Rang abgelaufen wurde. Eine Entwicklung, die den Schauspieler zufrieden gestimmt haben muß, bot sie ihm doch die Chance, vielleicht auf diese Weise einen lästigen Balast loszuwerden. Er stand eindeutig nicht im Mittelpunkt dieses Films, doch er blieb nachhaltig im Bewußtsein. Man entdeckte einen neuen Richard Gere, der erfolgreich an eine Linie anknüpfte, die mit Cary Grant begonnen und einen ersten Höhepunkt hatte. Romantik und die charmante Leichtigkeit des Komödianten gingen bei Gere in PRETTY WOMAN eine neue, aufregende Verbindung ein, die ihn irgendwie aller Kritik zu entrücken schien. Von nun an war es wieder wie am Anfang seiner Karriere: Man mochte ihn oder man haßte ihn. Ein Mittelding gab es nicht mehr.

Weitgehend vom großen Publikum unbemerkt blieben danach

zwei Engagements von Richard Gere. Für die französische Dokumentaristin Marie Jaoul de Poncheville sprach er den englischen Kommentartext zu ihrem Film LUNG TA, LES CAVALIERS DU VENT, der über das vergessene Tibet erzählt. Die Vergangenheit des unterdrückten Landes wird darin beschworen und die Zerschlagung unter chinesischer Herrschaft beklagt. Richard Gere ist seit Gründung des Tibet House in New York darum bemüht, Zeugnisse tibetanischer Kultur vor der Vernichtung und dem Vergessen zu bewahren. Das Engagement für unterdrückte Minderheiten zählte schon seit langem zu seinen Hauptanliegen. Nur selbstverständlich daher seine Mitwirkung (der französische Kommentar wurde von Isabelle Adjani gesprochen), zumal auch der Dalai Lama in diesem Film mit dem englischen Untertitel THE FORGOTTEN TIBET eine Einführung hielt. Aus ähnlichen Erwägungen heraus dürfte Gere sich auch zu einer besonderen Herausforderung entschieden haben, die ihm zur besonderen Ehre gereichen sollte. Japans großer Regisseur Akira Kurosawa, von Steven Spielberg als »our greatest living filmmaker« gepriesen, vertraute Richard Gere eine kleine, aber entscheidende Rolle in seinem Alterswerk HACHIGATSU NO RAPUSODI (Rhapsodie im August) an: die des Hawaiianers Clark, der amerikanisch-japanischer Abstammung ist.

Diese Rolle brachte Gere nicht nur Freunde, denn mit dem Film hatte es – politisch – etwas Besonderes auf sich. Die Geschichte handelt von der Atombombe, die die Amerikaner am 9. August 1945 auf Hiroshima und Nagasaki abgeworfen haben – bis heute ein japanisches Trauma. Kurosawas Film, in dessen Mittelpunkt Großmutter Kane (Sachiko Murase) als eine Überlebende steht, läßt ihren (von Gere gespielten) halbamerikanischen Neffen Clark eine Entschuldigung über das verursachte Leid aussprechen. Das schlichte »I am so sorry« trug dem Film den Vorwurf des Revanchismus ein und erboste die amerikanische Kritik (»ein Bombenangriff auf das amerikanische Kinopublikum«), die ein japanisches Schuldbekenntnis vermißte. Kurosawa, dessen letzte Meisterwerke nur mit der Unterstützung von Regisseuren wie Spielberg und Coppola hatten realisiert werden können, sah sich plötzlich mit der Rolle des undankbaren Verräters konfrontiert und fand sich zwischen allen Stühlen wieder. Auch in Japan wurde er ja wenig geliebt. Der Vorwurf, einen nationalistischen Film gemacht zu haben, mußte den Altmeister daher um so tiefer treffen. Denn er hatte ganz andere Vorstellungen von seinem Film. »Es gibt keine direkte Botschaft«, äußerte er sich. »Es geht nicht um Schuldzuweisung und Freispruch. Diejenigen, die die Bombe geworfen haben, sind nicht die Schlechten, wir nicht die Opfer. Der Krieg ist das Monströse. In RHAPSODIE

Gedenkstätte des Atomzeitalters: Gere in ›Rhapsodie im August‹ am geschmolzenen Klettergerüst eines Schulhofs

IM AUGUST wird dies zweimal deutlich gesagt. Der Film ist weder antiamerikanisch, noch ist er eine Reflexion über die Rolle der Japaner. Es ist eher eine Verurteilung des Krieges insgesamt. Der Film zeigt, daß man versuchen muß, sich zu begegnen, sich an die Stelle des anderen zu versetzen« (Deutsches Presseheft).

Die Handlung des Film spielt im August 1990, 45 Jahre nach Abwurf der beiden Bomben. Vier japanische Kinder verbringen den Sommer bei ihrer Großmutter Kane auf dem Lande nahe Nagasaki, während ihre Eltern Kanes Bruder auf Hawaii besuchen. Die Kinder halten ihre Großmutter für ein bißchen verrückt, denn in deren Haus bleibt die Vergangenheit lebendig und bestimmt das Leben von Kane. Als sie einen Brief von ihrem Bruder erhält, in dem dieser sie nach Hawaii einlädt, wohin er ausgewandert war und nun als Ananasfarmer lebt, brechen die alten Wunden auf. Ihr Bruder, mit einer Amerikanerin verheiratet, liegt im Sterben und möchte sie vor seinem Tode ein letztes Mal sehen. Doch Kane erinnert sich nicht mehr an ihn, denn er war einer ihrer zehn Geschwister, die vor langer, langer Zeit die Heimat verließen und nie wieder zurückkehrten. Ihre Enkel sind enttäuscht, hatten sie doch gehofft, nach Hawaii zu kommen. Doch nach und nach lernen sie die Gründe Kanes kennen, erfahren durch ihre Erzählungen von den Schicksalen der Familienangehörigen und erleben die Gefühle nach dem Abwurf der beiden Bomben mit. Sie lernen auch, wie ihre Eltern das Geschehene verdrängten. Ihre Besuche an den Erinnerungsstätten zeigen, daß kaum noch Spuren vorhanden sind. Aus dem zerschmolzenen Klettergerüst eines Schulhofes wurde eine Gedenkstätte, doch man muß den Zusammenhang kennen, um zu begreifen. Nagasaki ist eine blühende Stadt, und die Erinnerung an die Vergangenheit lebt nur in den Gedanken der alten Menschen. Clark (Gere), der Sohn von Kanes Bruder, kommt zu Besuch. Auch er wußte nichts über das Grauen der Bombe. So erfährt Clark erst jetzt, 45 Jahre später, daß sein Großvater zu den

›Rhapsodie im August‹

Opfern zählte. Während Kanes Enkel sich voller Neugier an Clark hängen, alles über Amerika erfahren wollen, sucht dieser die Nähe zu Kane. Durch sie erfährt er von dem Schrecken jener Nacht des 9. August, und mit ihr begeht er das Andenken an die Ereignisse. Sein »I am so sorry« ist keine politische Geste, sondern vielmehr Ausdruck der Betroffenheit. Die vehementen Reaktionen darauf sind völlig unberechtigt. Die Szenen zwischen Kane und ihrem Großneffen zählen zu den einfühlsamsten des ganzen Films. Kurosawa inszenierte sie still und gefühlsstark, unterstützt von zwei hervorragenden Darstellern. Clark gelingt es, seine Tante zur Reise nach Hawaii zu bewegen. Da trifft ein Telegramm ein und teilt ihm den Tod seines Vaters mit. Er reist sofort zurück. Kane bleibt in Japan, verfolgt von ihren furchtbaren Erinnerungen und der Angst vor einer Wiederholung. Ein heftiges Unwetter mit Blitzen, Donner und Regen ruft bei ihr noch einmal die Erinnerung lebendig ins Bewußtsein. Gefolgt von ihrer Familie versucht sie, durch die schlammigen Wiesen der Vergangenheit zu entkommen.

Er habe nur einen Film über eine Familie machen wollen, erklärte Kurosawa immer wieder. Und im Mittelpunkt sollte die bewegende Gestalt der Großmutter stehen, und nicht eine Reflexion über das Unvorstellbare der Atombombenexplosion. Tatsächlich kann man seinem Film den Vorwurf einer gewissen Schlichtheit machen. Wenn etwa die Enkelkinder wie die Touristen auf der Suche nach den Mahnmälern sind, bekommt der Film einen merkwürdig didaktischen Ton. Vergeblich wartet man hier auf die Kraft jener visionären Bilder, die Kurosawa noch in seinem davor entstandenen Film DREAMS für die gleiche Katastrophe fand. Der Schrecken, von dem in HACHIGATSU NO RAPUSODI gesprochen wird, teilt sich nicht mit. Er bleibt nur verbal. Der Film wirkt merkwürdig eindimensional, vor allem in der Charakterisierung seiner Figuren. Allein Sachiko Murase und Richard Gere ist es zu verdanken, daß deren Figuren zu Menschen werden, deren Gefühle man erkennen kann. Dabei war Clark zu Beginn nicht mehr als eine Randfigur. Erst durch die Mitwirkung von Gere erhielt sie mehr Gewicht.

»Auf Richard Gere kam ich durch einen Zufall«, erinnerte sich Kurosawa. »Wir sind uns einmal in Hollywood begegnet und danach noch einmal während eines Empfanges anläßlich meines achtzigsten Geburtstages in Tokio. Wir sprachen über RHAPSODIE IM AUGUST, den ich damals gerade vorbereitete. Er äußerte den Wunsch, in einem meiner Filme einen Gastauftritt zu bekommen. Und mir erschien er von seiner Physiognomie wie von seiner Biographie geeignet, Kanes Neffen Clark verkörpern zu können. Daraufhin bat ich ihn, Japanisch zu lernen, was er dann beharrlich und sogar mit einer gewissen Leidenschaft tat. Bei Drehbeginn war er bereits so weit fortgeschritten, daß ihm nicht nur die Phonetik vertraut war, er verstand sogar weitgehend, was seine Spielpartner sagten. Dennoch erhielt sich in seinem Spiel das Moment des Ausländers, dem es in der fremden Sprache etwas ungemütlich ist. Durch seine Auseinandersetzung mit der Figur des Clark wurde aus seinem Gastauftritt bald eine ausgearbeitete Rolle. Er glaubte zum Beispiel, daß der hawaiianische Neffe sicher eine engere Beziehung zu den Kindern aufbauen würde und daß er sich speziell für die Gedenkzeremonien interessiere, an denen die alte Kane teilnimmt. So haben wir bestimmte Sequenzen seinen Wünschen angepaßt« (Deutsches Presseheft). Richard Gere ließ sich durch die gemischten Reaktio-

Die einfühlsamsten Szenen: Großmutter und Großneffe

Patientin und Psychiater: Uma Thurman und Richard Gere in ›Final Analysis‹

nen, auch auf seinen Auftritt, nicht verunsichern. Dazu ist er zu sehr Profi. Im übrigen hat seine Rolle schon jetzt filmhistorischen Stellenwert, ist er doch einer der ganz wenigen amerikanischen Darsteller, die in einem japanischen Film mitwirkten.

Mit seinem nächsten Projekt begann Richard Gere eine neue Tätigkeit. Er hatte inzwischen eine eigene Firma gegründet, Gere Productions, und wurde neben seiner Partnerin Maggie Wilde der ausführende Produzent des Psycho-Thrillers FINAL ANALYSIS (Eiskalte Leidenschaft). Regie führte der junge Phil Joanou, der 1990 mit dem dunklen Gangsterdrama STATE OF GRACE (Im Vorhof der Hölle) für Aufsehen gesorgt hatte.

FINAL ANALYSIS spielt in San Francisco, der Stadt des Nebels, und wird von seinem Regisseur als eine Hommage an Alfred Hitchcock und dessen Meisterwerk VERTIGO verstanden. Ein Spiel also um falsche Identitäten und betrogene Hoffnungen. Ein Anspruch allerdings auch, den der Film nicht einlösen sollte.

Isaac Barr (Gere) ist Psychiater und Gerichtssachverständiger. Durch sein Gutachten erhält der junge Pepe (Agustin Rodriguez) sehr zum Unwillen von Detective Huggins (Keith David) die Freiheit. Ein Sieg, den Barr mit seinem Freund, dem Verteidiger Alan Loewenthal (Richard Harper), mit ein paar Gläsern feiert. Weniger erfolgreich ist Barr bei seiner Patientin Diana (Uma Thurman). Deren Traum von einem Blumengesteck aus Veilchen, Nelken und Lilien kann er nicht deuten. Diana, deren Interesse für den attraktiven Psychiater mehr als eindeutig ist, empfiehlt diesem, sich mit ihrer Schwester Heather in Verbindung zu setzen. Vielleicht könne sie ja bei der Interpretation der Träume helfen. Barr, dessen beruflicher Erfolg ihn langweilt und der gerne mal wieder überrascht werden würde, staunt nicht schlecht, als sich eines Tages seine Bürotür öffnet und Heather (Kim Basinger) eintritt. Blonde Haare, ein enganliegendes rotes Kleid, eine dunkle Stimme – das Inbild einer Verführerin. Heather erzählt Barr, daß ihr Vater Diana vergewaltigt habe. Später dann sei ihr Vater bei einem Hausbrand ums Leben gekommen. Ein mildes Lächeln, voller Mitgefühl und Verständnis, erscheint in Barrs Gesicht und verdrängt sein ungläubiges Staunen.

Förmlich spürbar ist schon bei ihrer ersten Begegnung die sexuelle Attraktion, die zwischen beiden besteht. Und so überrascht ihr nächstes Treffen nicht. Heather besucht Barr in dessen Wohnung und erzählt, daß sie mit dem Gangster Jimmy Evans (Eric Roberts, der ältere Bruder von Julia) verheiratet ist und keinen Tropfen Alkohol zu sich nehmen darf. Barr lauscht andächtig, mit intensiven Blicken aus seinen braunen Augen mustert er Heather, die erotische Spannung knistert immer spürbarer. Schließlich schlafen beide miteinander. Es ist eine sehr intensiv gespielte Liebesszene, die jene gemeinsamen von Gere und Basinger in NO MERCY an Freizügigkeit und Ekstase noch übertraf. Es ist aber auch eine Szene, die darauf hindeutete, daß sich hier zwei Akteure gefunden haben, die sich ihres (ähnlichen) Bildes in der Öffentlichkeit bewußt und ihres Professionalismus sicher sind. Bewußt setzten beide dies in ihren Rollen ein: Gere, der soignierte, durch die grauen Strähnen seriös wirkende Gentleman und Liebhaber; Basinger, mit ihrer blonden Wuschelmähne und ihren lüsternen Blicken die *Femme fatale* schlechthin. Schon jetzt wird dem Zuschauer klar, welche Richtung die Story nehmen wird.

Nach ihrer ersten Liebesnacht erzählt Heather dem Psychiater, daß Diana ihren Vater umgebracht habe. Barr verändert sich. Einem Freund und Kollegen fällt dies als erstem auf. Er warnt Isaac vergeblich, Beruf und Liebe miteinander zu verbinden. Doch er versteht Barrs Haltung, als er Heather kennenlernt, die in die Klinik kommt, in der Isaac freiwillig aushilft. In seiner vom Sex geprägten Beziehung zu Heather bleibt Barr gleichwohl nicht verborgen, daß auch sie psychische Probleme hat. Vor allem durch ihren brutalen Ehemann, über den Barr diskret Nachforschungen anstellen läßt. Noch weiß er nichts von ihrer Krankheit – pathologische Intoxikation, eine durch Alkohol verursachte Bewußtseinsspaltung. Immerhin, es gibt auch entspannte Momente. Isaac bringt Heather auf einen alten Leuchtturm. Eine Wendeltreppe führt nach oben, von wo aus man einen herrlichen Blick auf die Bucht von San Francisco hat. Doch die Zeichen des nahenden Unheils häufen sich. Heathers Sonnenbrille fällt in die Tiefe, die Brüstung löst sich und schließlich fällt eine Hantel aus ihrer Handtasche, die Barr ihr mit einem amüsierten Lächeln zurückgibt.

Auch als Barr über Jimmy Evans Bescheid weiß, bleibt er ruhig und gefaßt. Ihm wird klar, daß er mit dem Feuer spielt, doch die Liebe macht ihn blind. Er führt in einem Restaurant eine Begegnung mit Evans herbei, in der dieser ihm unmiß-

Alles Gute kommt von oben (?)

verständlich droht. Anschließend wartet er auf die entnervte Heather, um sie nach Hause zu bringen. Zuvor aber fährt er mit ihr zu einer Apotheke, um ein Hustenmittel zu kaufen. Dann setzt er Heather zu Hause ab. Wenig später erhält er eine bestürzende Nachricht. Heather hat ihren Mann erschlagen. Die Polizei vermutet einen vorsätzlichen Mord, obgleich die Tatwaffe, eine Hantel, nicht gefunden werden konnte. Isaac bietet Heather seine Hilfe an. Tatsächlich gelingt es ihm in einer aufsehenerregenden Gerichtsverhandlung, Heather aufgrund einer durch den alkoholhaltigen Hustensaft bedingten pathologischen Intoxikation als unzurechnungsfähig erklären zu lassen. Heather wird in eine Anstalt eingewiesen, aus der Isaac sie bald befreien will.

Durch einen Zufall wächst in ihm aber ein fürchterlicher Verdacht. Bei einem Symposium fällt es ihm wie Schuppen von

›Eiskalte Leidenschaft‹: Kim Basinger und Richard Gere

den Augen. Dianas Traum stammt wortwörtlich aus einem Buch Siegmund Freuds, und Barr ist darauf hereingefallen. Vom Gerichtsdiener erfährt er dann, daß schon ein Jahr zuvor Heather immer wieder seine Prozeßauftritte und -erfolge beobachtet hatte. Zudem findet er heraus, daß Heather die Begünstigte einer kurz zuvor abgeschlossenen Lebensversicherung ihres Mannes ist. Er konfrontiert Heather mit seinen Erkenntnissen, die eiskalt kontert. Sie sei im Besitz der als Mordwaffe benutzten Hantel, mit seinen Fingerabdrücken darauf. Es sei dieselbe, die er ihr seinerzeit im Leuchtturm aufgehoben habe. Außerdem könne sie nicht ein zweites Mal wegen desselben Vergehens angeklagt werden. Isaacs Selbstsicherheit fällt für einen Augenblick zusammen, ungläubig schaut er angesichts eines derartig cleveren Plans. Doch er fängt sich schnell und beginnt, sich seiner Haut zu wehren. Einige Tage später erscheint Isaac mit zwei Staatsanwälten in der Nervenklinik. Heather beschuldigt Barr des Mordes

Kurz vor dem stürmischen Finale

und kündigt an, daß Diana das Belastungsmaterial bringen würde. Doch Diana bringt nur Patientenzeichnungen. Als Barr Heather dann auch noch zuflüstert, daß er sie als Psychopathin ausgewiesen hätte und sie noch lange in der Klinik bleibe, dreht Heather durch. Die Staatsanwälte wissen nun Bescheid. In Wahrheit sind es Psychiater, die ein Gutachten über Heathers Verbleib anfertigen sollen. Als sie Isaacs Trick durchschaut hat, schwört sie Rache.

Barr aber glaubt den Fall erledigt. An Diana hat er kein Interesse mehr, empfiehlt ihr sogar, einen anderen Therapeuten zu suchen. Die enttäuschte Diana, die sich selbst Hoffnungen auf Isaac gemacht hatte, weigert sich nun, die Hantel herauszugeben. Um das Versteck des Belastungsstücks herauszufinden, läßt er Diana durch Pepe beschatten. Ihr erster Weg führt in die Nervenklinik, wo beide Schwestern unbemerkt die Rollen tauschen können. Heather fährt schnurstracks in die Wohnung, in der sie die Hantel versteckt hatte. Dann steigt sie in die Cable Car, um zur Polizei zu kommen. Pepe kann ihr die Tasche entreißen. Er merkt aber nicht, daß Heather ihm zum Treffpunkt mit Barr gefolgt ist. Bevor dieser eintrifft, hat sie Pepe niedergeschossen und eine Verabredung mit Detective Huggins am Hafen arrangiert, um ihm die Hantel zu übergeben. In letzter Sekunde kann Barr dies verhindern. Die enttäuschte Heather zückt einen Revolver und zwingt beide Männer, mit ihr zum Leuchtturm zu fahren, wo sie sich ihrer entledigen will. Es kommt zum aufregenden, im wahrsten Sinne stürmischen Finale. Als Isaac ihr ins Gesicht sagt, daß in Wahrheit sie von ihrem Vater vergewaltigt wurde, hat der Zuschauer diese Erkenntnis schon lange gehabt und kann entspannt Zeuge werden, wie die *Femme fatale* ihrem verdienten Ende entgegenstürzt. Isaac Barr kann endlich wieder aufatmen, auch wenn sein Blickkontakt zur freigesprochenen Diana später verrät, daß er die Fortsetzung von Heathers Geschichte ahnt.

In die elegante Garderobe von Giorgio Armani gekleidet,

machte Richard Gere auch hier eine gute Figur. Die Rolle des Psychiaters wirkte wie auf seinen Leib geschrieben. Seine Mimik blieb zurückhaltend. Zu keiner Zeit ließ er sich auf überhöhtes Chargieren ein, sich ganz seiner Wirkung als glaubhafter, begehrenswerter Liebhaber bewußt. FINAL ANALYSIS ist dennoch kein sonderlich gelungener Film; die Zitate an Hitchcock wirken aufdringlich und aufgesetzt, die Ereignisse kündigen sich früh an und bleiben immer vorhersehbar. Ähnliches traf auch für Martin Scorseses CAPE FEAR (Kap der Angst) zu, der mit Joanous Werk den Drehbuchautor Wesley Strick gemeinsam hat. Bestechend allerdings sind die schauspielerischen Leistungen, die den hervorragend photographierten Film zu keiner Zeit langweilig werden ließen. Denn die beiden Stars überzeugten durch ihren Charme, durch ihren Sex-Appeal und durch die »Chemie«, die zwischen ihnen offensichtlich herrschte. Wobei Richard Gere ein neues Verhältnis zu seiner Position gefunden zu haben schien, was vielleicht bedingt war durch seine Produzententätigkeit.

Geres sehr zurückhaltende Spielweise erlaubt es seinen Partnerinnen, im Vordergrund zu stehen. Schon Julia Roberts profitierte davon; jetzt war es Kim Basinger, die zum Blickfang wurde und beweisen konnte, daß sie nicht nur Sex-Appeal besitzt, sondern auch darstellerische Qualitäten. Richard Gere aber unterstrich erneut, daß ihm Rollen liegen, die zeitgemäß sind und einen »modernen« Hintergrund aufweisen. Er paßt einfach besser in die Straßen von San Francisco als auf die Weizenfelder des Mittleren Westens. Die Geschmeidigkeit seiner Bewegungen korrespondiert mit den Ereignissen und dem Rhythmus des Alltags. Richard Gere ist mehr eine Erscheinung, mehr ein Bild als ein Charakterdarsteller. Denn das ist er zweifelsohne nicht. Dem steht nicht zuletzt seine Attraktivität und sein Starstatus im Wege. Seine schauspielerischen Qualitäten beweisen aber konnte er wieder in seinem nächsten Film, SOMMERSBY, in dem Jodie Foster seine beeindruckende Partnerin ist.

Der Film ist ein Remake. LE RETOUR DU MARTIN GUERRE (Die Wiederkehr des Martin Guerre) zählte zu den erfolgreichsten französischen Filmen in den USA, wo nicht-englischsprachige Werke eher ungern gesehen werden. Die Geschichte, deren Hauptrollen Gérard Depardieu und Nathalie Baye spielten, ist im Mittelalter angesiedelt und erzählt von einem Mann, der in die Haut eines Vermißten schlüpft, dessen Besitz übernimmt und das Vertrauen und das Herz von dessen Frau gewinnt. Es ist eine anrührende Liebesgeschichte, durch die ansprechenden Leistungen von Depardieu und Baye auch emotional überzeugend. Kurioserweise blieb der Film von Daniel Vigne in Frankreich weniger erfolgreich als in anderen Ländern. Der Gedanke einer Neuverfilmung brachte schließ-

Die Wiederkehr des Richard Gere: ›Sommersby‹

›Sommersby‹

lich das Produzententeam von PRETTY WOMAN wieder zusammen, erweitert um Richard Gere in einer zusätzlichen Funktion als ausführender Produzent; auf seine Initiative ging die Neuverfilmung zurück. SOMMERSBY entstand unter der

Regie des Briten Jon Amiel, dessen Filme QUEEN OF THE HEARTS (Liebe, Rache, Cappuccino) und TUNE IN TOMORROW (Julia und ihre Liebhaber) einem breiteren Publikum unbekannt geblieben sind, obgleich er sich damit als äußerst feinfühliger Chronist zwischenmenschlicher Beziehungen einen Namen gemacht hatte.
Die Handlung spielt 1867. Der Bürgerkrieg ist schon einige Zeit zu Ende, doch die Wunden des Krieges sind auch in dem Städtchen Vine Hill in Tennessee noch zu sehen. Laurel Sommersby (Foster) glaubt schon nicht mehr an die Rückkehr ihres verschollenen Mannes Jack. Nur mit der Hilfe eines verwundeten Freundes, Orin Meecham (Bill Pullman), konnte sie bislang ihren Sohn und ihre Farm durchbringen. Wenn Jack offiziell für tot erklärt wird, wird sie Orin heiraten, mehr aus Dankbarkeit und Pflichtbewußtsein denn aus Sympathie. Plötzlich taucht ein bärtiger, langhaariger Mann (Gere) auf, der behauptet, Jack Sommersby zu sein. Keiner hegt Zweifel, alle sind aber irgendwie erleichtert, als deutlich wird, daß Jack eine Wandlung durchgemacht hat. Früher war er unbeliebt wegen seiner Brutalität im Umgang mit den Menschen und wegen seiner Unfähigkeit, die Felder zu bestellen. Vor allem Laurel hegt ihm gegenüber eine große Skepsis, die sich in ungläubiges wie erleichtertes Staunen wandelt, als sie merkt, daß Jack tatsächlich ein anderer geworden oder wirklich ein anderer ist. Im Bett nämlich kann er sich nicht mehr daran erinnern, wie es früher zwischen ihnen war. Vergessen hat er die Gefühllosigkeit, die er Laurel gegenüber an den Tag gelegt hatte.
Eines Morgens hat Laurel es in der Hand, seine Identität offenzulegen. Mit einem Rasiermesser nimmt sie ihm den Bart ab, legt gewissermaßen seine Persönlichkeit bloß. Jack hat sich ihr ausgeliefert, als die Klinge an seinem Hals liegt. Hier, in diesem Augenblick, entscheidet sich ihre Beziehung. Laurel weiß tief im Inneren, daß er nicht der echte Jack ist, doch sie ist bereit, ein Abenteuer zu wagen. Auch andere

Zeichen deuten daraufhin, daß Jack nicht der ist, der er vorgibt zu sein.

Orin, der eifersüchtig mitansehen mußte, wie ein völlig veränderter Jack die Zuneigung Laurels gewinnt, sucht derweil nach Beweisen, daß Jack ein Hochstapler ist. Doch die Dorfbewohner wollen davon nichts wissen, denn mit der Rückkehr

Kongeniale Partner: Jodie Foster und Richard Gere

von Sommersby wächst auch bei ihnen die Hoffnung. Jack hatte vorgeschlagen, seine Felder denen zu überlassen, die sie bebauen. Auf Widerstand stößt er mit seinem Plan, dies auch Schwarzen zu gestatten, was in den Südstaaten auch nach dem Bürgerkrieg immer noch ein Sakrileg ist. Kein Wunder, daß sich alsbald der Ku-Klux-Klan bei ihm meldet. Seiner Initiative aber ist der wirtschaftliche Aufschwung der Gegend zu verdanken. Jack hat die Menschen davon überzeugt, ihm ihre Ersparnisse anzuvertrauen, mit denen er teuren Tabak-Samen kaufen will. Selbst Laurels Sohn, der instinktiv spürt, daß Jack vielleicht nicht sein wirklicher Vater ist, überläßt ihm einen Wertgegenstand. Jacks Idee wird sich als überaus erfolgreich erweisen. Auch privat verläßt das Glück ihn nicht, denn er wird Vater einer Tochter. Doch die Vergangenheit holt ihn ein. Er wird verhaftet und des Mordes angeklagt. Seine Beteuerungen, unschuldig zu sein, zählen angesichts der Beweislage und der plötzlich aufgetauchten Zeugen wenig. Eine Verurteilung zum Tode ist absehbar, da greift Laurel in den Prozeß ein und erklärt, daß Jack Sommersby in Wahrheit ein anderer und gar nicht ihr Mann sei.

Die bislang überaus sensibel erzählte Geschichte der Beziehung zwischen zwei Menschen erfährt an dieser Stelle eine interessante Wendung. Obgleich Laurels Geständnis ihm den Kopf retten würde, beharrt Jack darauf, wirklich Sommersby zu sein. Der Film gewinnt eine Spannung, die das ›Wer‹ in den Hintergrund treten läßt angesichts des ›Warum‹. Allein in den Blicken von Richard Gere und Jodie Foster, seiner kongenialen Partnerin, kann der Zuschauer die Antwort erahnen. Jack kann nicht anders, als Sommersby zu sein. Denn zum ersten Male hat er eine Identität, eine Persönlichkeit gefunden, die ihn stolz macht. Zum ersten Male ist er überhaupt jemand. Und mit Laurel hat Jack zudem die Liebe kennengelernt. Als Laurel dies versteht, geht sie auf sein Verhalten ein. Sie weiß, daß er nur als Jack ihr Mann sein kann, auch wenn diese Erkenntnis sie bald zur Witwe machen wird. Tatsächlich wird

Wortloses Verstehen: ›Sommersby‹

Jack zum Tode durch den Strang verurteilt. In einem letzten Zusammentreffen vor seiner Hinrichtung versucht Jack, Laurel noch einmal seine Gründe verständlich zu machen. Doch Laurel hat sie schon lange begriffen – und akzeptiert.

Ein letztes Mal spielen Gere und Foster auf einer Ebene des wortlosen Verstehens, die auch den Zuschauer sprachlos ob der Perfektion werden ließ. »Richard ist besser in diesem Film«, sagte Jodie Foster, »als ich ihn je zuvor gesehen habe. Man sieht seine Veränderung, man prägt sich diese unglaubliche Transformation ein« (Kopkind). Blicke sind in den letzten Szenen des Films beredter als Worte es sein könnten. Die Meinungen gehen auseinander, welcher von beiden Stars in SOMMERSBY die überzeugendere Leistung bringt. Jodie Foster demonstriert in ihrer ersten romantischen Rolle (nachdem sie dieses Rollenfach bislang immer vermieden hatte) ihre hohe Kunst des Ausdrucks. Völlig unangestrengt wirkend, beherrscht sie die gesamte Breite emotionaler Höhen und Tiefen, ohne je dabei in Klischees zu verfallen und schauspielerische Techniken durchscheinen zu lassen. Richard Gere hingegen bewegt sich erneut in einer nicht zeitgenössischen Rolle, wo er meist eine schlechte Figur machte. In SOMMERSBY gelingt es ihm, dieses Handicap erstmals zu überwinden. Seine bisherigen darstellerischen Merkmale tauchen nicht mehr auf, sein Spiel wird zur völligen Reduktion und dadurch intensiv wie nie.

»Richard hat nun den Schritt vom Filmstar zum Schauspieler geschafft«, meinte sein Regisseur Jon Amiel. »Er war ein Star, bevor er die persönlichen Qualitäten, die Persönlichkeit hatte, um mit dem umzugehen, was das mit sich brachte. Ganz sicher hatte er einige Höhen und Tiefen in seiner Karriere. Aber vor PRETTY WOMAN wurde Richard Geres Mitwirkung in einem Film nicht als Aktivposten gewertet« (Kopkind). Durch Amiels Film wurde Gere indes noch viel stärker zu einem *leading man*, wie er in Hollywoods goldenen Zeiten die Massen verzauberte. Zusammen mit Jodie Foster verkörperte er das Liebespaar ohne falsche Sentimentalität und große Emotionen, aber zutiefst romantisch, was die einschlägige Presse bereits vom »neuen Traumpaar für das große Gefühl« (Kinohit) schwärmen ließ. In Wahrheit handelte es sich nur um großen Professionalismus.

Die Gefühle fanden nur vor der Kamera statt, in der Freizeit gingen sich die beiden Stars aus dem Weg. Nicht aus fehlender Sympathie, sondern der Notwendigkeit wegen, ihre Beziehung auf der Leinwand glaubhaft zu machen. Zudem ist beider darstellerischer Ansatz grundverschieden. Jodie Foster ist

eine intellektuelle Schauspielerin, technisch brillant, hart und unberührbar auch da, wo es nach dem Gegenteil aussieht. Sie ist sich immer ihrer Rolle als Schauspielerin bewußt.
Richard Gere ist ihr Gegenteil. Sein Spiel kommt bis heute aus dem Bauch heraus, seine Reaktionen wirken instinktiv, seine Gefühle echt. Sie sind es auch, denn Gere läßt sich gefühlsmäßig sehr von den Figuren beeinflussen, die er verkörpert. Tagelang war er ja nach Ende der Dreharbeiten zu AMERICAN GIGOLO noch in den Kostümen des Julian Kay umhergelaufen. Das macht ihn verletzlicher als einen Darsteller, der Gefühle mittels seiner Technik außen vor halten kann. Zur Vorbereitung auf die Rolle des Sommersby las Gere zahlreiche Bücher, die die Zeit nach Ende des Bürgerkrieges be-

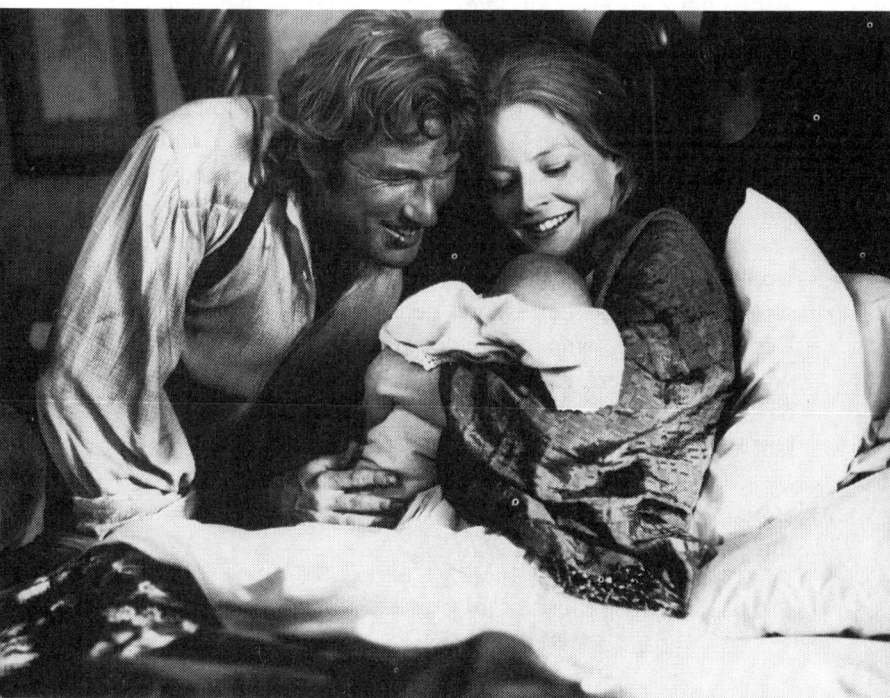

Foster über Gere: »Besser als je zuvor«

schrieben, er schaute sich hunderte von Fotos aus jenen Jahren an und ließ sich davon inspirieren. Kostüme, Schuhe, das authentische Handwerkszeug, die Verbindung zur Erde – all das ließ Richard Gere problemlos und schnell zu Jack Sommersby werden. »Richard findet im Schauspielen etwas Sinnliches«, sagte Jodie Foster. »Er liebt es zu erforschen« (Kopkind).

Neue Erfahrungen machen, die eigene Persönlichkeit durch die Rolle erweitern – das ist Geres Prinzip seit Beginn seiner Karriere. Es wird ihn immer wieder Filme machen lassen, die man besser nicht gemacht hätte. Es wird aber immer zu Ergebnissen führen, die herausragend sind und zeigen, wie spannend es ist, wenn die eigene Persönlichkeit sich dagegen wehrt, ganz zu einer anderen, erfundenen zu werden. Geres Instinkt für Zurückhaltung, seine Meisterschaft der Reduktion wären demnach nichts anderes als die Angst des Menschen Gere, seine Psyche offenzulegen. Seine Schauspielerei also eine permanente Dialektik zwischen Scheu und Exhibitionimus. In MR. JONES, den er nach SOMMERSBY unter der Regie von Mike Figgis drehte, spielt er einen manisch Depressiven, den man mit Medikamenten ruhig stellen will. Es scheint, als wolle er in seinen künftigen Rollen jetzt auch der Dialektik seines Wesens auf den Grund gehen.

Der Film als Gratwanderung der eigenen Psyche – wir werden von Richard Gere noch einige aufregende Rollen sehen und werden mit Spannung sein Erkunden der eigenen Persönlichkeit verfolgen.

Kommentierte Filmographie

UA = Uraufführung; DE = Deutsche Erstaufführung

DER EINSAME JOB
(Report to the Commissioner)
USA 1974. *Regie*: Milton Katselas. *Drehbuch*: Abby Mann, Ernest Tidyman nach dem Roman von James Mills. *Kamera*: Mario Tosi. *Schnitt*: David Blewitt. *Musik*: Elmer Bernstein. *Darsteller*: Michael Moriarty (Beauregard »Bo« Lockley), Yaphet Kotto (Richard »Crunch« Blackstone), Susan Blakely (Patty Butler), Hector Elizondo (Capt. D'Angelo), Tony King (Thomas »The Stick« Henderson), RICHARD GERE (Billy)
Produzent: M.J. Frankovich für United Artists
Farbe. 112 Minuten. DE: 26.9.1975

Ein kritischer Polizeifilm in der Nachfolge von »Serpico«. Der Nachwuchspolizist Bo Lockley erschießt irrtümlich die Undercover-Agentin Patty, wird verhaftet und in eine psychiatrische Klinik gesteckt. Dort nimmt er sich später das Leben, nachdem er zuvor einen Bericht an den Commissioner geschrieben hat, der die Mißstände in der Polizei anprangert. Richard Gere hat einen Gastauftritt als Zuhälter.

»Polizeianfänger Moriarty tötet versehentlich die Undercover-Agentin Blakely und wird verwickelt in ein Vertuschungsmanöver der ganzen Abteilung. Das brutale Melodrama reicht von realistisch bis überzogen; fesselnd, aber nicht immer überzeugend. (...) Geres Filmdebüt«. (Leonard Maltin)

STRIKE FORCE
(Strike Force)
USA 1974/75. *Regie*: Barry Shear. *Drehbuch*: Roger Hirson. *Kamera*: Jack Priestley. *Schnitt*: Murray Solomon. *Production Design*: Robert Gundlach. *Kostüme*: Joseph G. Aulisi. *Musik*: John Murtaugh. *Darsteller*: Cliff Gorman (Joe Dentry), Donald Blakely (Ripley), RICHARD GERE (Walter Spencer), Ed Grover (Captain Peterson), Joe Spinell (Sol Terranova), Marilyn Chris, Carl Don, Arnold Soboloff, Alan Rich, Billy Longo, Marie Puma

Das Leinwand-Debüt

Produzenten: Philip D'Antoni, Barry Weitz für D'Antoni-Weitz Television Productions
Farbe. 74 Minuten. UF: 12.4.1975, NBC. DE: Mai 1988 (Video)

Die erste Hauptrolle

Die »Strike Force« ist ein Sonderteam zur Bekämpfung des Drogenhandels. Der naive State Trooper Walter Spencer wird ihr Mitglied und liegt meist auf Beobachtungsposten. Dank seiner Aufmerksamkeit kommen sie den Dealern auf die Spur und stellen sie auf einer Müllkippe. Der fürs Fernsehen gedrehte Film wurde in Deutschland nur auf Video veröffentlicht. Produzent D'Antoni war in den siebziger Jahren ein Spezialist für Polizeifilme.

»New York City-Detektiv, Bundespolizist und State Trooper finden zusammen, um einen Drogenring auseinander zu sprengen. Halbwegs interessant durch einen frühen Auftritt von Gere, ansonsten aber nur ein weiterer mißlungener Pilotfilm«.

(Leonard Maltin)

BABY BLUE MARINE
USA 1976. *Regie*: John Hancock. *Drehbuch*: Stanford Whitemore. *Kamera*: Laszlo Kovacs. *Darsteller*: Jan-Michael Vincent, Glynnis O'Connor, Katherine Helmond, Dana Elgar, Bert Remsen, B. Kirby jr., RICHARD GERE, Art Lund
Produzenten: Aaron Spelling, Leonard Goldberg für Columbia Pictures
Farbe. 89 Minuten

Richard Gere in der Rolle eines Albinos, mit blond gefärbtem Haar. Die Geschichte handelt von einem Versager, der in seiner Heimatstadt als ein Held des 2. Weltkrieges verehrt wird.

»Norman Rockwells Amerika wird zum Leben erweckt, in einer idyllischen Geschichte von einem ausgestiegenen Marinesoldaten während des 2. Weltkrieges, der von den Einwohnern einer Kleinstadt fälschlicherweiser für einen Helden gehalten wird. Zu milde, um zu stimmen«. (Leonard Maltin)

IN DER GLUT DES SÜDENS / TAGE DES HIMMELS
(Days of Heaven)
USA 1976. *Regie/Drehbuch*: Terrence Malick. *Kamera*: Nestor Almendros, Haskell Wexler. *Schnitt*: Billy Weber. *Musik*: Ennio Morricone, Leo Kottke. *Art Director*: Jack Fisk. *Darsteller*: RICHARD GERE (Bill), Brooke Adams (Abby), Sam Shepard (The Farmer), Linda Manz (Linda), Robert Wilke (The Farm Fore-

Tage des Himmels

man), Jackie Shultis (Lindas Freundin), Stuart Margolin (Mill Foreman)
Produzenten: Bert und Harold Schneider, O.P. Production für Paramount Pictures
Farbe. 95 Minuten. DE: 25.5.1979

Amerika in den 20er Jahren. Nachdem er den Vorarbeiter einer Stahlfabrik niedergeschlagen hat, flieht Bill mit seiner Freundin Abby und seiner Schwester Linda auf eine Weizenfarm im Mittleren Westen. Dort verliebt sich der angeblich totkranke Farmer in Abby. Bill schmiedet einen hinterhältigen Plan, diesen zu beerben. Beeindruckend vor allem wegen seiner faszinierenden Landschaftsaufnahmen.

»Malicks destruktiver distanzierender Inszenierungsstil mag den Eindruck ästhetischer Sterilität erwecken: Charaktere werden zu

Chiffren reduziert, vehemente Leidenschaften scheinen zu visuellen Vignetten zu erfrieren. Doch Melodramen müssen nicht immer glühen. ›Days of Heaven‹ ist ein eisgekühltes Melo. Ein Melo-Poem«. (Helmut W. Banz, Die Zeit 23, 1.6.1979)

»Regisseur Terrence Malick und Kameramann Nestor Almendros haben einen Film über Himmel und Erde gemacht. Er erzählt von Feldern, von Sonne und Wind, vom Horizont, von Feuer und Wasser. ›Tage des Himmels‹ ist eine Feier der berauschenden Bilder«. (Der Spiegel, 26/22.6.1992)

»Malicks Bilder der amerikanischen Weite, dieser irdischen Unendlichkeit, erfordern einen Blick, den die deutsche Romantik als Schauen wie mit ›weggeschnittenen Augenlidern‹ beschrieben hat«. (Willi Winkler, Die Zeit, 27/26.6.1992)

AUF DER SUCHE NACH MR. GOODBAR
(Looking for Mr. Goodbar)
USA 1977. *Regie/Drehbuch*: Richard Brooks, nach dem gleichnamigen Roman von Judith Rossner. *Kamera*: William A. Fraker. *Schnitt*: George Grenville. *Musik*: Artie Kane. *Art Director*: Edward Garfagno. *Darsteller*: Diane Keaton (Theresa Dunn), Tuesday Weld (Katharine), William Atherton (James), Richard Kiley (Mr. Dunn), RICHARD GERE (Tony Lopanto), Alan Feinstein (Martin), Tom Berenger (Gary) u. v. a.
Produzent: Freddie Fields für Paramount Pictures
Farbe. 136 Minuten. UF: Oktober 1977. DE: 17.3.1978

Die junge Lehrerin Theresa Dunn sucht durch ein promiskuitives Sexualleben ihrem katholischen Elternhaus zu entkommen. Einer ihrer Barbekanntschaften ist der unberechenbare Tony, ein kleiner Gauner und mieser Anmacher, der durch seine impulsiven Auftritte Theresas Weltbild durcheinander wirbelt. Am Ende fällt sie einem wirklichen Psychopathen zum Opfer.

»Eine filmisch weitgehend faszinierende, jedoch von Spekulationen nicht freie Studie über Scheinemanzipation und die Verhaltensweisen von durch gesellschaftliche Bedingungen frustrierten Individuen«. (Lexikon des Internationalen Films)

»Die schäbige Neuversion von Judith Rossners Roman beginnt als intelligente Studie eines unterdrückten jungen Mädchens und suhlt sich dann ohne Ende in ihrem neuen ›befreiten‹ Lebensstil. Keatons darstellerische Leistung steht weit über diesem witzlosen Film«. (Leonard Maltin)

HEISSES BLUT
(Bloodbrothers)
USA 1978. *Regie*: Robert Mulligan. *Drehbuch*: Walter Newman nach dem Roman von Richard Price. *Kamera*: Robert Surtees. *Schnitt*: Sheldon Kahn. *Musik*: Elmer Bernstein. *Darsteller*: Paul Sorvino (Chubby de Coco), Tony LoBianco (Tommy de Coco), RICHARD GERE (Stony de Coco), Lelia Goldoni (Marie de Coco, die Mutter), Marilu Henner (Annette), Yvonne Wilder (Phyllis), Kenneth McMillan (Banion), Floyd Levine (Dr. Harris), Michael Hershewe (Albert), Robert Englund (Mott), Danny Aiello (Artie), Kristine DeBell (Cheri)
Produzent: Stephen Friedman für Warner Brothers
Farbe. 116 Minuten. DE: 18.5.1979

Stony stammt aus einer italienischen Arbeiterfamilie und soll die Tradition seines Vaters Tommy fortsetzen, obgleich er lieber mit den Patienten eines Kinderkrankenhauses arbeitet. Hin- und hergerissen durch seinen Konflikt zwischen familiärer Loyalität und individueller Spurensuche, verläßt Stony am Ende mit seinem kleinen Bruder das zerrüttete Elternhaus.

»Mit teils kraftvollen und treffenden, teils etwas melodramatischen und überzogenen Mitteln zeichnet der Film das Bild einer kranken Familie, in der sich eine zum Besitzanspruch degenerierte Liebe, Männlichkeitswahn und Doppelmoral zu einem erstickenden Klima verdichtet haben«.

(Lexikon des Internationalen Films)

»Amerikas neuer Superstar Richard Gere spielt die Hauptrolle. Eklektizismus scheint wohl auch seine Devise zu sein. Selten konnte man einen Schauspieler sehen, der die Manierismen von James Dean, Marlon Brando und Robert De Niro so unpersönlich perfekt ausschlachtete. Richard Gere ist so bedacht, alles ›recht‹ zu machen, daß dabei nichts Rechtes/Richtiges herauskommt«.

(Helmut W. Banz, Kölner Stadtanzeiger, 19./20.5.1979)

»Am besten (ist der Film), wenn die Schauspieler Gelegenheit zum zurückgenommen Spiel haben, wie z.B. Sorvinos bewegende Geschichte vom Tod seines Babys, Geres Wechselspiel mit den jungen Patienten. Gere ragt heraus als Sohn, der mit der Familientradition brechen möchte«. (Leonard Maltin)

YANKS – GESTERN WAREN WIR NOCH FREMDE
(Yanks)
Großbritannien 1979. *Regie*: John Schlesinger. *Drehbuch*: Colin Welland, Walter Bernstein. *Kamera*: Dick Bush. *Schnitt*: Jim Clark. *Musik*: Richard Rodney Bennett. *Production Design*: Brian Morris. *Kostüme*: Shirley Russell. *Darsteller*: RICHARD GERE (Matt), Lisa Eichhorn (Jean), Vanessa Redgrave (Helen), William Devane (John), Rachel Roberts (Jeans Mutter), Tony Melody (Jeans Vater), Derek Thompson (Ken)
Produzenten: Joseph Janni, Lester Persky für Vic Films
Farbe. 138 Minuten. DE: 4.4.1980

Während des Zweiten Weltkrieges kommt der amerikanische Soldat Matt auf Zwischenstation nach England, wo er die Britin Jean kennenlernt. Zwischen beiden entwickelt sich, wie auch bei anderen Paaren, ein kompliziertes Verhältnis, das immer wieder vom Bruch bedroht ist, weil Matt nicht in der Lage ist, seine Gefühle zu äußern. Ein altmodisches Liebesdrama, opulent und sentimental, jedoch nie kitschig.

»Behutsam entwickelt er (Schlesinger) die bittersüßen Romanzen zwischen den Amerikanern und den Engländerinnen, als fürchte er, die gläsernen Brücken zwischen ihnen durch eitle Effekte zu zerbrechen. (...) Zwar profiliert sich auch in diesem Werk Richard Gere als verträumter, verwundbarer Held. Doch tiefer, weil knapper skizziert, wirkt die Beziehung zwischen Vanessa Redgrave und William Devane«.
(Hartmut Wilmes, Kölnische Rundschau 2.7.1983)

»Getragen von guten Schauspielern (allen voran Richard Gere als verträumter Matt), besitzt Schlesinger auch den Mut zu großer Kinoromantik und zur gefühlsträchtigen Melodramatik. Das gibt seinem Film einen geradezu altmodisch erscheinenden Anstrich, auf den man sich einlassen muß, um ihn nicht als kitschige Seifenoper abzulehnen«.
(Horst Peter Koll, Kölner Stadtanzeiger 2./3.7.1983)

›Yanks‹

»Die opulente Produktion über eine Zweiter-Weltkriegs-Romanze zwischen US-Soldaten und britischen Frauen gibt nichts her. Schuld sind eine zerhackte Struktur und eine schlaffe Regie. Geres sogenannte Star-Power scheint eine unfreiwillige Folge von Energiekrisen-Rückblenden zu sein«. (Leonard Maltin)

EIN MANN FÜR GEWISSE STUNDEN
(American Gigolo)
USA 1979. *Regie/Drehbuch*: Paul Schrader. *Kamera*: John Bailey. *Schnitt*: Richard Halsey. *Musik*: Giorgio Moroder. *Art Director*: Ed Richardson. *Visual Consultant*: Ferdinando Scarfiotti. *Kostüme*: Giorgio Armani (Julian), Basile (Michelle). *Darsteller*: RICHARD GERE (Julian Kay), Lauren Hutton (Michelle Stratton), Hector Elizondo (Sgt. Sunday), Nina Van Pallandt (Anne), Bill Duke (Leon), Brian Davies (Senator Charles Stratton), Patti Carr (Judy), David Cryer (Curtis).
*Produzent*en: Freddie Francis, Jerry Bruckheimer für Paramount Pictures
Farbe. 117 Minuten: DE: 15.5.1980

Die hochgestylte Geschichte des modernen Gigolos Julian, in den sich die Senatorengattin Michelle verliebt. Julian wird ein Mord in die Schuhe geschoben, wobei er erfahren muß, wie groß im Grunde seine Einsamkeit trotz all seiner Beziehungen ist. Sie hindert ihn auch daran, Michelle gegenüber seinen Gefühlen Ausdruck zu verleihen. So landet er im Gefängnis und die Frau, die ihn liebt, ist seine einzige Chance.

»Schraders sehr elegant, in gepflegten Interieurs inszenierter Film ist ein gut konsummierbares Stück Kino: Jeder Tiefgang wird vermieden«. (Lexikon des Internationalen Films)

»Schrader präsentiert seine bisher schwächste Variante seines bevorzugten Themas, die Kehrseite des amerikanischen Way of Life. Ein kraftloses Moralstück, das vorgibt, ein Thriller zu sein, und noch weiter untergraben wird durch neurasthenisches Schauspielen und einige der unerotischsten Sexszenen aller Zeiten«.
(Leonard Maltin)

REPORTERS
Frankreich 1981. *Regie/Kamera*: Raymond Depardon. *Schnitt*: Olivier Froux. *Darsteller, freiwillig und unfreiwillig*: Jacques Chirac, Coluche, Mareille Darc, Alain Delon, Catherine Deneuve, Philippe de Gaulle, Serge Gainsbourg, RICHARD GERE, Valerie Giscard d'Estaing, Jean-Luc Godard, Gene Kelly, Georges Marchais, Mireille Mathieu, François Mitterand, Christina Onassis und andere.

Produktion: Bibliothèque Publique d'Information du Centre Georges Pompidou
Farbe. 90 Minuten. UA: 10.6.1981

Der Dokumentarist Raymond Depardon folgte 30 Tage lang den Photographen der berühmten Agentur Gamma, vor allem Francis Apesteguy und Marc Bulka, wie sie auf der Jagd nach Bildern von Stars und Politikern sind. Richard Gere ist eines ihrer unfreiwilligen, mißmutigen Opfer, neben vielen anderen.

»Die Stars von heute, liebenswürdig wie Mareille Mathieu und Jean-Luc Godard, zurückhaltend wie der Nobelpreis in Medizin oder deutlich ablehnend wie Caroline von Monaco (und) Richard Gere«.

(La Revue du Cinéma. La Saison Cinématographique 1981)

›Ein Mann für gewisse Stunden‹

EIN OFFIZIER UND GENTLEMAN
(An Officer and a Gentleman)
USA 1982. *Regie*: Taylor Hackford. *Drehbuch*: Douglas Day Stewart. *Kamera*: Donald Thorin. *Schnitt*: Peter Zinner. *Musik*: Jack Nitzsche. *Song*: Joe Cocker, Jennifer Warnes. *Darsteller*: RICHARD GERE (Zack Mayo), Debra Winger (Paula Pokrifki), David Keith (Sid Worley), Robert Loggia (Byron Mayo), Lisa Blount (Lynette), Lis Eilbacher (Casey Seeger), Louis Gossett jr. (Sgt. Emil Foley), Tony Plana (Dela Sera), Harold Sylvester (Perryman), David Caruso (Topper), Victor French (Joe Pokrifki), Tommy Peterson (Zack als Junge).
Produzent: Martin Elfand für Lorimar/Paramount
Farbe. 125 Minuten. DE: 25.3.1983

Louis Gossett jr. als bester männlicher Nebendarsteller und der Song »Up Where We Belong«, gesungen von Joe Cocker und Jennifer Warnes, wurden je mit einem »Oscar« ausgezeichnet.

Zack Mayo ist der Sohn eines versoffenen und verhurten Marinesoldaten. Deshalb entschließt er sich, allen Vorurteilen zum Trotz, eine Ausbildung als Offiziersanwärter und Marinepilot zu machen. In der Arbeiterin Paula aus der nahegelegenen Kleinstadt findet er ein Mädchen, das ihm die Zeit während seiner Ausbildung verkürzt. Doch aus dem Verhältnis zwischen beiden wird mehr. Allerdings muß Zack erst mit sich und mit seinem Ausbilder Sgt. Foley ins Reine kommen, bevor er sich zu einem weitreichenden Schritt entschließt. Nach erfolgreich beendeter Ausbildung holt er Paula aus ihrer Fabrik. Einer der größten Erfolge von Richard Gere, der durch die märchenhafte, Tränendrüsen-drückende Liebesgeschichte zum Superstar wurde.

»Da werden sie wieder aufheulen, die auf Wirklichkeitsnähe und Problembewußtsein fixierten Kritiker, wenn Hollywoods Kino-Idol der 80er Jahre Richard Gere am Ende einer langen, dornenreichen und gefühlsträchtigen Handlung allen Unkenrufen zum Trotz in blütenweißer Uniform sein Aschenputtel aus dem Elend der Fabrikhalle davonträgt. (...) Clever und routiniert gebastelt, perfekt kalkuliertes Handwerk mit kleinen Klischees und respektablen Darstellern und zwischen den Bildern sogar mit den Partikeln einer Wahrheit, die der vorgeblichen Wirklichkeitsferne

hohnspricht. Kino wie in den guten Tagen mit aufgeputztem Styling für die Gegenwart«.
(Gert Berghoff, Kölnische Rundschau 26.3.1983)

»In der Vorkriegszeit hatte Amerikas Wirtschaftskrisenheld Superman die Gemüter aufzurichten und fand ein Volk vor, das noch bereit war, an Wunder zu glauben und an unermeßliches Wachstum – auch der Muskelkraft. Der Offizier und Gentleman Zack Mayo dagegen trifft auf die bisher ungläubigste und resignierteste Masse und vor allem auf die Jugend. Ihr exerziert das neue Kino-Idol Richard Gere den gangbaren Weg zu modernerem, virilem Glück vor«.
(Caroline Fetscher, Der Spiegel Nr. 15, 11.4.1983)

»Mischung aus Melodram und Militärromanze, die das Militär als Erziehungsinstrument preist. Bemerkenswerte darstellerische Leistungen«. (Lexikon des Internationalen Films)

»Der ganze Inhalt des Films läßt sich aus seinem Titel ersehen, der den Traum vom sozialen Aufstieg, dem einzigen Motor aller Charaktere, symbolisiert und resümiert«.
(La Revue du Cinéma. La Saison Cinématographique 1983)

ATEMLOS
(Breathless)
USA 1982. *Regie*: Jim McBride. *Drehbuch*: L.M. Kit Carson, Jim McBride nach dem Film und Drehbuch »A bout de souffle« von Jean-Luc Godard, nach einer Originalgeschichte von François Truffaut. *Kamera*: Richard H. Kline. *Schnitt*: Robert Estrin. *Musik*: Jack Nitzsche, Roger Kellaway. *Darsteller*: RICHARD GERE (Jesse Lujack), Valérie Kaprisky (Monica Poiccard), William Tepper (Prof. Paul Silverstein), John P. Ryan (Lt. Parmental), Roger Dunn (Sgt. Enright), Waldemar Kalinowski (Tolmatchoff), Miguel Pinero (Carlito).
Produzent: Martin Erlichman für Miko Productions
Farbe. 100 Minuten. UF: 13.5.1983. DE: 20.10.1983

Das Remake von Jean-Luc Godards Klassiker »A bout de souffle« (Außer Atem) von 1959 entpuppt sich als schickes Zeitgeist-Melodram im Rock'n'Roll-Rhythmus. Richard Gere spielt einen Autodieb, der sich in eine französische Studentin verliebt und mit ihr nach Mexiko fliehen will, denn er wird wegen Polizistenmordes gesucht. Doch Monica verrät ihn, und so sucht Jesse tänzelnd den Tod.

»Bei Godard war Jean-Paul Belmondo ein harter Bursche, der vielleicht doch nur durch Zufall ins Gangster-Milieu geraten ist, bei McBride ist Richard Gere ein Typ mit ausgeprägtem Egoismus und ohne jegliches Rechtsempfinden, verspielt und eiskalt zugleich: den Edelgangster hat der Rockertyp voller Lebensleere abgelöst. Bei Richard Gere allerdings wirkt all dies aufgesetzt, allzu bewußt arrangiert«.

(Volker Baer, Der Tagesspiel, 3.11.1983)

»Aufreizend auf eine andere Art ist das demonstrativ exhibitionistische Star-Solo von Richard Gere als brünstiger, fingerschnippender, hüftwackelnder, schulterrollender Rockabilly Punk. Der atemlose Aufnahmestil auf seinen zumeist halbnackten oder nackten Körper läßt denn auch keinen Zweifel daran, daß sich die wahre Love Story nicht zwischen Jesse und Monica abspielt, sondern zwischen Gere und der Kamera«.

(Helmut W. Banz, Kölner Stadtanzeiger, 19./20.11.1983)

»Das Beste an dem Film aber ist zweifellos Richard Gere. Gewiß, sein Talent läßt sich nicht gerade als vielseitig bezeichnen. (…) Er spielt immer die gleiche Rolle: den jugendlichen Tunichtgut, mit athletisch hüpfendem Gang, katzengleichen Bewegungen und entblößtem Oberkörper. Aber er spielt ihn intensiv. Er hat Charme und Temperament, und er ist sexy. Ohne Zweifel, das weibliche Publikum genießt ihn, wie das männliche einst die Stars von Marilyn Monroe bis Brigitte Bardot«.

(Uwe Wittstock, Frankfurter Allgemeine Zeitung, 29.10.1983)

»Richard Gere, der den Dandy und Gigolo in ›Ein Mann für gewisse Stunden‹ ebenso überzeugend spielte wie den militärisch in Zucht und Drill gebrachten Prolo-Macho in ›Ein Offizier und Gentleman‹, gilt seither als Alleskönner, der noch dazu mit seiner virilen Ausstrahlung alle Frauen und manche Männer erreicht. Als überdrehter Autoknacker und Herzensbrecher, der mit quietschenden Reifen zu seinem Tod kurvt und seine letzten Tage mehr durchtänzelt als durchläuft, zieht Gere eine so überdrehte Nummer ab, daß man eigentlich statt der schauspielerischen Lei-

›Atemlos‹

stung nur die Eitelkeit sieht, mit der Gere vorführen will, daß auch er noch Robert De Niro sein kann«.

(Hellmuth Karasek, Der Spiegel, 43/24.10.1983)

»Geres energievolle Darstellung ist sehenswert, aber seine Figur, abgefahren auf Jerry Lee Lewis-Musik und die ›Silver Surfer‹-Comics, wird bald ermüdend«. (Leonard Maltin)

»Wenn (der Film) dennoch funktioniert, liegt das vor allem an der Darstellung von Richard Gere, der (...) einschlägt, aber den andere vielleicht als unerträglich ansehen«.

(Pascal Mérigeau, La Revue du Cinéma, No.385, Juillet/Aout 1983)

DER HONORARKONSUL
(The Honorary Consul/Beyond the Limit)
Großbritannien/USA 1982. *Regie*: John Mackenzie. *Drehbuch*: Christopher Hampton nach dem gleichnamigen Roman von Graham Greene. *Kamera*: Phil Meheux. *Schnitt*: Stuart Baird. *Musik*: Paul McCartney, Stanley Myers, Richard Harvey. *Production Design*: Allan Cameron. *Darsteller*: Michael Caine (Charley Fortnum), RICHARD GERE (Dr. Eduardo Plarr), Bob Hoskins (Colonel Perez), Elpidia Carrillo (Clara), Joaquim de Almeida (Leon Rivas), A. Martinez (Aquino), Stephanie Cotsirilos (Marta), Domingo Ambriz (Diego), Geoffrey Palmer (Britischer Botschafter), Georges Belanger (US-Botschafter).
Produzentin: Norma Heyman für World Film Services, Parsons and Whittemore Lyddon
Farbe. 102 Minuten. DE: 13.1.1984

Auf der Suche nach seinem verschollenen Vater landet der Arzt Eduardo Plarr in einer lateinamerikanischen Grenzstadt, wo er im Bordell die junge Clara sieht und sie später als Frau des versoffenen britischen Honorarkonsuls Fortnum wiederentdeckt. Er hat eine Liebesbeziehung mit Clara, während Fortnum von Guerrilleros entführt wird. Im Zwiespalt von Politik, Sympathien und Sexualität findet Plarr schließlich den Tod. Grundlage war Graham Greenes meisterhafte Politnovelle, deren Gehalt der Film nicht ganz transportierte.

»Was diesen Film dennoch sehenswert macht, sind zwei der eklatantesten (...) Fehlbesetzungen der letzten Kinojahre. Zum einen Richard Gere, dem man in seinem Standardpart als hüftrollender und schulterschwingender ›Machismo‹-Lüstling zwar die Aktivität im Bett abnimmt, der aber zur Charakterisierung der komplexen Figur des Dr. Eduardo Plarr nichts weiter beiträgt, als daß er ab und an eine Arzttasche trägt«.
(Helmut W. Banz, Kölner Stadtanzeiger, 14./15.1.1984)

»Und Richard Gere, diese Inkarnation männlichen Sex-Appeals? Er ist, mit rollenden Schultern und auf den Fußballen wippend, immer nur einer: Richard Gere, als Liebhaber annehmbar, als Revolutionär wider Willen eine Behauptung seines Regisseurs, als Arzt ein Witz«. (Hans-Dieter Seidel,
Frankfurter Allgemeine Zeitung, 13.1.1984)

»Dr. Plarr (...) ist als Liebhaber (...) sehr viel eindrucksvoller als als Revolutionär wider Willen; das glaubte die Regie wohl Hollywoods derzeit erfolgreichstem Nachfolger eines Clark Gable oder Rudolf Valentino schuldig zu sein: Richard Gere, ›ein Mann für gewisse Stunden‹. Er spielt den Titelhelden Charles Fortnum, den ›Honorarkonsul‹ ein wenig an die Wand«.
(Rudolf Walter Leonhardt, Die Zeit, 2/6.1.1984)

»Obwohl des öfteren an Melodram und thematische Überlagerung grenzend, durch Charakterkonstellation und -entwicklung interessant« (Lexikon des Internationalen Films).

COTTON CLUB
(The Cotton Club)
USA 1984. *Regie*: Francis Ford Coppola. *Drehbuch*: William Kennedy, Francis Ford Coppola, Mario Puzo. *Kamera*: Stephen Goldblatt. *Schnitt*: Barry Malkin, Robert R. Lovett. *Musik*: John

›Der Honorarkonsul‹

Barry und Musik der 30er Jahre, Kornett gespielt von Richard Gere. *Music Recreations*: Bob Wilber. *Production Design*: Richard Sylbert. *Darsteller*: RICHARD GERE (Dixie Dwyer), Gregory Hines (Dalbert Williams), Diane Lane (Vera Cicero), Lonette McKee (Lila Rose Olivier), Bob Hoskins (Owney Madden), James Remar (Dutch Schultz), Nicolas Cage (Vincent Dwyer), Allen Garfield (Abbadabba Berman), Fred Gwynne (Frenchy DeMange), Gwen Verdon (Mrs. Tish Dwyer), Tom Waits (Irving Stark), Jennifer Grey (Patsy Dwyer), Joe Dallessandro (Lucky Luciano).
Produzent: Robert Evans für Zoetrope
Farbe. 128 Minuten. DE: 22.2.1985

›*Cotton Club*‹

Die sehr frei erfundene Geschichte des berühmten Cotton Club: Treffpunkt schwerer Gangster (wie Dutch Schultz) und leichter Mädchen. Der Jazz ist auf einem Höhepunkt und Richard Gere als Kornett-Bläser Dixie Dwyer ist den Gangstern zu Diensten und den Mädchen zur Hand. Später wird Dixie Filmstar, doch dann ist es für seine große Liebe Vera bereits zu spät. Der Film ist eine faszinierende Stilübung von Coppola, aber ruinierte sei-

nen Produzenten Evans und hatte kaum Publikum. Dennoch sehenswertes Kino.

»Das Spiel lebt durch die Ähnlichkeiten: Richard Gere ist wie Errol Flynn und Joe Dallessandro imitiert Robert De Niro. Wir sind mitten in der Illusion. Alles ist falsch. Das Artifizielle wird zu einer lebenden Kraft und *Cotton Club* konkretisiert sich schließlich zum Wesentlichen: ein Film über alle Mythologien«.
(Noël Simsolo, La Revue du Cinéma, No. 402/Février 1985)

»Aus der Verbindung von zwei ur-amerikanischen Genres – Musical und Gangsterfilm – ist dank souveräner Führung der Schauspieler und der brillant eingefangenen Atmosphäre der Epoche ein hervorragender Unterhaltungsfilm entstanden«.
(Lexikon des Internationalen Films)

»Coppolas Film ist eine rhythmische Melange, gemixt aus Zitaten und Variationen der alten Genre-Klassiker, aus authentischem Ambiente und exotischem Dekor, aus kurzen Andeutungen für längere Geschichten und schönen Visionen von noch schöneren Bildarrangements. Coppola bringt alles zusammen, was nur irgendwie zusammenzubringen ist: spärlich bekleidete Mädchen und um sich schießende Killer, weiße Schickeria und schwarze Musik, tanzende Neger und sterbende Kinder, Bandenkrieg und Musical, Ballett und Kino«.
(Norbert Grob, Kölner Stadtanzeiger, 23./24.2.1985)

»Die Wahl (des Produzenten Robert Evans) fiel auf Richard Gere, einen neuen jungen Hollywoodstar von zweifelhaftem Talent und dürftiger Ausstrahlung, der freilich manche Frauen zum Schmachten bringt. Mit bleistiftdünnem Menjoubärtchen und aalig mit Brillantine nach hinten geklatschten Haaren spielt er einen scheuen Musiker im sumpfigen Umfeld des Cotton Club. (…) Aber ältere Herren identifizieren sich gelegentlich mit solchen empfindsamen Schönlingen, deren erotische Wirkung auf Frauen sie neugierig macht – und Bob Evans, der Produzent, war ähnlich blindlings bereit, alles auf Richard Gere, den Darsteller des Dixie Dwyer zu setzen, daß er ihn für eine astronomische Gage engagierte, ihn unsinnigerweise ins Zentrum des Films schob und ihm dann auch noch ein Mitspracherecht am Drehbuch garantierte«.
(Siegfried Schober, Die Zeit, 9/22.2.1985)

KÖNIG DAVID
(King David)
USA 1984. *Regie*: Bruce Beresford. *Drehbuch*: Andrew Birkin, James Costigan nach den Büchern »Samuel I und II«, »Chroniken I« und den Psalmen Davids. *Kamera*: Donald McAlpine. *Schnitt*: William Anderson. *Musik*: Carl Davis. *Production Design*: Ken Adam. *Kostüme*: John Mollo. *Darsteller*: RICHARD GERE (David), Edward Woodward (Saul), Alice Krige (Bethsabe), Denis Quilley (Samuel), Niall Buggy (Nathan), Cherie Lunghi (Michal), Hurd Hatfield (Ahimilech), Jack Klaff (Jona-

›König David‹

than), John Castle (Abner), Tim Woodward (Joab), David De Keyser (Aphitophel), Ian Sears (David als Junge), Jean-Marc Barr (Absalom), James Lister (Uriah).
Produzent: Martin Elfand für Paramount.
Farbe. 113 Minuten. DE: 19.7.1985

Die biblische Geschichte des König David, der als Junge über Goliath siegt und als Kriegsherr und Frauenheld später zahlreiche Triumphe feiert. Als sein Übermut zu Fall zu kommen droht, findet David wieder zur göttlichen Demut zurück. Ein Schwerter- und Sandalen-Epos, das häufig unfreiwillig ins Lächerliche abgleitet. Der Film fiel an den Kinokassen durch.

»Ob diese vielschichtige Gestalt mit Richard Gere ihren Meister gefunden hat, sei dahingestellt. Mit Samsons ungebändigten Lokken unterm Turban kann man ihm jedenfalls eine gewisse Sympathie nicht verweigern. Wie ein gezähmter Hippie oder auch ein Grüner in alttestamentarischer Runde probt er lange genug den Aufstand.(…) So kommen Geres besondere Qualitäten weder in amouröser Zweisamkeit noch in brüderlich homoerotischer Zuneigung voll zur Geltung. Die nur oberflächlich angekratzten Seelendramen gehen schnell im nächsten Schlachtgetümmel unter«.   (HS, Frankfurter Rundschau, 22.7.1985)

»Sein (Bruce Beresfords) Film ist allerdings geschlagen mit zwei Plagen (immerhin fünf weniger als im alten Ägypten). Zum einen ist es die (über-)elliptische, Zeiträume zusammenziehende und mit Kommentar überlagernde Struktur, die den nicht bibelfesten Betrachter erheblich verwirrt. (…) Zum anderen wird König David (…) von Richard Gere gespielt. Mit Stirnband und Shylock-Locken. Nach Sauls Tod zieht er ein, tanzend und triumphierend, durch die Tore Jerusalems. Nur mit einem Schlüpfer betucht. Wie ein halbnackter, betrunkener Apache beim Twist! Sehr toll! Aber all das ist nur ein schwacher Ersatz für die Liebhaber ›klassischer‹ Bibel-Filme«.
(Helmut W. Banz, Kölner Stadtanzeiger, 20./21.7.1985)

»Die Schauspieler lassen manchmal die Überzeugungskraft vermissen und interessieren uns nur sehr vage für ihre so zahlreichen Glücksmomente«.
(La Revue du Cinéma. La Saison Cinématographique 1986)

›König David‹

»… als ›Historienfilm‹ nur mäßig interessant, da weder darstellerisch noch in der dramatischen Qualität über dem Durchschnitt«. (Lexikon des Internationalen Films)

»*König David* ist wie ein Plumpudding, ohne Konsistenz. Unter anderem ist der Film voll moralisierendem Geschwätz, und wenn sich Richard Gere auf der Harfe bei ›Der Herr ist unser Hirte‹ begleitet, ist das des Guten zuviel«.

(Yves Alion, La Revue du Cinéma, No. 409/Oct. 1985)

»Visuell ansprechende Kameraarbeit von David McAlpine, Carl Davis' Musik ist ein starker Aktivposten – neben der herausragenden Darstellung des König Saul durch Woodward«.

(Leonard Maltin)

POWER – DER WEG ZUR MACHT
(Power)
USA 1986. *Regie*: Sidney Lumet. *Drehbuch*: David Himmelstein. *Kamera*: Andrzej Bartkowiak. *Schnitt*: Andrew Mondshein. *Musik*: Cy Coleman. *Production Design*: Peter Larkin. *Darsteller*: RICHARD GERE (Pete Saint John), Julie Christie (Ellen Freeman), Gene Hackman (Wilfried Buckley), Kate Capeshaw (Sydney Betterman), Denzel Washington (Arnold Billings), E. G. Marshall (Senator Sam Hastings), Beatrice Straight (Claire Hastings), Fritz Weaver (Wallace Furman), Michael Leamed (Gov. Andrea Stannard), J.T. Walsh (Jerome Cade), Matt Salinger (Prof. Phillip Aarons), Omat Torres (Roberto Cepeda)
Produzenten: Wolfgang Glattes, Kenneth Utt, Reene Schisgal, Mark Tarlov für Polar Film, Lorimar
Farbe. 111 Minuten. DE: 21.11.1988 (CBS/Fox Video)

Richard Gere als aalglatter Medienberater und Wahlkampfmanager für Politiker. Die politische Meinung ist ihm gleichgültig, Hauptsache sein Kandidat zahlt und gewinnt. Irgendwann erwacht in ihm dann doch das Gewissen und er schlägt sich auf die andere Seite, allerdings in dem Wissen, daß der scheinbar unbedarfte, ehrliche Kandidat alsbald ebenso wie alle anderen den Verführungen der Medien und der Macht erliegen wird. Eine intelligente Reflexion über die moderne Medienwelt und ihre Auswirkungen auf die Politik.

»Da, wo in Höchstgeschwindigkeit das Naturell des amerikanischen Idealisten zurückkommt, der Lumet ja auch ist, und wo die kritische Klarheit seines Films ihre Grenzen findet, ist das,

was er nicht wahrnimmt (oder nicht sagt), nämlich exakt das, was Reagan mit dem bekannten Erfolg gemacht hat«.
(Marcel Martin, La Revue du Cinéma, No. 422/Decembre 1986)

»Schillernder Politthriller um zynische Medienmanipulation und Intrigen im Zentrum der Macht«. (Just, Film-Jahrbuch 1989)

»Hervorragend gespielte und dicht inszenierte Satire über politische Verführbarkeit sowie die suggestive Kraft, die von den

›Power‹

Rollenbildern der Politiker ausgehen kann, wenn sie geschickt konstruiert und medial attraktiv aufgebaut sind«.

(Lexikon des Internationalen Films)

»Das Thema ist keine Schlagzeilen-Nachricht mehr, aber der Film behandelt es so – und fragt uns dann, mit einigen reichlich dummen Punkten in der Story konform zu gehen. Manchmal richtig ärgerlich«. (Leonard Maltin)

GNADENLOS
(No Mercy)
USA 1986. *Regie*: Richard Pearce. *Drehbuch*: Jim Carabatsos. *Kamera*: Michel Brault. *Schnitt*: Jerry Greenberg, Bill Yarhaus. *Musik*: Alan Silvestri. *Darsteller*: RICHARD GERE (Eddie Jillette), Kim Basinger (Michel Duval), Jeroen Krabbe (Losado), George Dzundza (Capt. Stemkowski), Gary Basaraba (Joe Collins), William Atherton (Allan Deveneux), Terry Kinney (Paul Deveneux), Bruce McGill (Lt. Hall), Ray Sharkey (Angles Ryan), Marita Geraghty (Alice Collins).
Produzenten: Jim Carabatsos, D. Constantine Conte für Tri Star/Delphi IV und V.
Farbe. 108 Minuten. DE: 5.3.1987

Eddie Jillette ist Polizist und sucht in New Orleans nach den Mördern seines Partners. Dabei trifft er auf die attraktive, aber mysteriöse Michel sowie den undurchsichtigen und gewalttätigen Losado. Auf der Flucht vor dessen Männern durch die Sümpfe Louisianas kommen sich Eddie und Michel näher. Beim finalen Shootout ist die ehemalige Freundin Losados dann auf Eddies Seite. Interessanter, action- und erotikgeladener Thriller, in dem das männliche Sexsymbol der siebziger zum ersten Mal auf das weibliche der achtziger Jahre traf.

»Mit Handschellen aneinandergekettet durch die Sümpfe, sie schlagen und sie küssen sich, für die Leidenschaft von Kim Basinger und Richard Gere bemüht der Film die Naturgewalten, zuerst Wasser, (..) am Schluß Feuer«.

(Frank Arnold, Zitty 5/1987)

»Richard Pearce verbirgt nicht, bewußt einen reinen Actionfilm gemacht zu haben, als eine unmittelbare Hommage an das gol-

›Gnadenlos‹

dene Zeitalter des Thrillers. Die Präsenz von zwei soliden jungen Talenten (Richard Gere und Kim Basinger) unterstreicht diese Ansicht. Große romantische Augenblicke in sicherlich spektakulären Szenen (...), erfüllt *No Mercy* voll sein Pflichtenheft«.
(La Revue du Cinéma. La Saison Cinématographique 1987)

»Stellenweise überaus harter Kriminalfilm, der ganz auf sein martialisches Ende hin angelegt ist; für Action-Freunde von einigem Reiz, auch wenn die Geschichte wenig Eigenständigkeit besitzt«. (Lexikon des Internationalen Films)

»*No Mercy* ist zuallererst eine unmittelbare Hommage an den Kriminalfilm der goldenen Zeit, konstruiert um ein Paar ›neuer Romantiker‹: Richard Gere erinnert an John Garfield und Kim Basinger (...) an sich selbst«.
(J.Z., La Revue du Cinéma, No. 426/Avril 1987)

»Selbst hirnlose Melodramen sollten Sinn machen, wenigstens innerhalb ihrer eigenen Regeln. Dieses ist ziemlich lächerlich, besonders in der entscheidenden Auseinandersetzung in einem brennenden Gebäude. Die beiden sexy Stars funken nicht richtig«. (Leonard Maltin)

MILES FROM HOME
(Miles From Home)
USA 1988. *Regie*: Gary Sinise. *Drehbuch*: Chris Gerolmo. *Kamera*: Elliot Davis. *Schnitt*: Jane Schwartz Jaffe. *Musik*: Robert Folk. *Production Design*: David Gropman. *Darsteller*: RICHARD GERE (Frank Roberts), Kevin Anderson (Terry Roberts), Penelope Ann Miller (Sally), Brian Dennehy (Frank Roberts Sr.), John Malkovich (Barry Maxwell), Terry Kinney (Mark), Laurie Metcalf (exotische Tänzerin), Helen Hunt (Jennifer), Judith Ivey (Frances), Randall Arney (Cox).
Produzenten: Frederick Zollo, Paul Kurta für Cinecom Entertainment Group, J and M Entertainment
Farbe. 108 Minuten. UF: 18.5.1988 (Filmfestspiele Cannes). DE: 12.1.1989

Mit seinem Bruder Terry versucht Frank Roberts die Farm ihres Vaters, einst als Farm des Jahres sogar von Chruschtschow besucht, vor dem Konkurs und dem Zugriff der Banken zu retten.

Als ihm dies nicht gelingt, zündet er seinen Besitz an und wird mit Terry von der Polizei gejagt. Die Presse jubelt beide Outcasts hoch, doch ihre Chancen davonzukommen, sind gering. Terry stellt sich, während Frank nach Kanada flieht. Ein Film mit

aktuellen politischen Bezügen zur Krise der Farmer im Mittleren Westen. Eine Hommage zudem an den amerikanischen Pionierwillen und den Traum von Freiheit. Dennoch fiel der Film an den Kinokassen durch.

»Geres Aktionen (und seine Darstellung) sind so unsäglich, daß man sich zu fragen beginnt, ob er nicht sein Schicksal verdient hat, was eigentlich nicht Sache sein sollte«.   (Leonard Maltin)

»Das ist zweifellos nicht *Früchte des Zorns*, und Gary Sinise ist nicht John Ford. Der Film ist dennoch nicht ohne ein gewisses Interesse, denn der Regisseur versteht es, die Szenen auf den Punkt zu bringen. ... Aber er beherrscht seinen Stoff nicht, schwankt zwischen ökonomischer und zwischen psychologischer Erklärung. Die Beziehungen zwischen den beiden Brüdern sind gelungen, aber es ist schade, daß es dem Film nicht gänzlich gelingt zu überzeugen«.   (G.A., La Revue du Cinéma. La Saison Cinématographique 1991)

»*Miles from Home* ist ein unspektakulärer Film über die Kehrseite der Reaganomics: Der Mythos des freien Amerika stellt sich als gigantischer Selbstbetrug heraus, bei dem die Pioniere die wahren Opfer sind. Der archetypische amerikanische Held wird zum Klischee, das im Angesicht der bitteren Realität zum Scheitern verurteilt ist«.   (Fischer Film Almanach 1990)

INTERNAL AFFAIRS – TRAU IHM, ER IST EIN COP
(Internal Affairs)
USA 1989. *Regie*: Mike Figgis. *Drehbuch*: Henry Bean. *Kamera*: John A. Alonzo. *Schnitt*: Robert Estrin. *Musik*: Mike Figgis, Anthony Marinelli, Brian Banks. *Production Design*: Waldemar Kalinowski. *Darsteller*: RICHARD GERE (Dennis Peck), Andy Garcia (Sgt. Raymond Avila), Nancy Travis (Kathleen Avila), Richard Bradford (Lt.Sgt. Grieb), William Baldwin (Van Stretch), Laurie Metcalf (Amy Wallace), Michael Beach (Dorian Fletcher), Faye Grant (Penny), Katherine Borowitz (Tova Arrocas), John Kapelos (Steven Arrocas), Annabella Sciorra (Heather Peck).
Produzent: Frank Mancuso Jr. für Out F Town Films/Paramount Pictures
Farbe. 115 Minuten. DE: 26.4.1990

Dennis Peck ist einer der einflußreichsten Polizisten in Los Angeles. Denn durch ein komplexes System von Gefälligkeiten und Abhängigkeiten, Gewalt und Korruption beherrscht er seine Abteilung, bis mit Raymond Avila ein junger Polzist als interner Untersuchungsbeamter seinen Dienst antritt. Zwischen beiden

›Miles from Home‹

entwickelt sich ein Psychokrieg, den Dennis mit seinen perfiden Methoden und seiner Menschenkenntnis zu gewinnen scheint. Gere erlebte eine überzeugendes Comeback und überraschte durch die Brillanz, mit der er seinen wirklich hinterhältigen Helden verkörperte.

»Richard Geres darstellerische Leistung ist besonders überzeugend; seit *Looking for Mr. Goodbar* erschien er nicht mehr so beängstigend bösartig unter einer oberflächlichen Tünche verführerischen Charmes.«

(Julian Petley, Monthly Film Bulletin No. 676, May 1990)

»In dieser Rolle bekräftigt Richard Gere ein Talent und eine spielerische Kraft, die man bei ihm nicht vermutet hätte. Der ganze Film dreht sich um ihn, seine Rolle des verdorbenen Zynikers ohne Schuldgefühle haben den Regisseur offensichtlich mehr fasziniert als jene des ausgeglichenen und konventionellen, ehrlichen Beamten«. (D.R.-B., La Revue du Cinéma. La Saison Cinématographique 1990)

»Bemitleidenswerte Geister kritisieren vielleicht eine gelegentliche Photographie wie bei *Miami Vice*, ein übertriebener Gebrauch der Zeitlupe oder eine relativ konventionelle Inszenierung der Auflösung. Es braucht wirklich mehr, um denjenigen, die *Internal Affairs* mit offenem Mund sehen, den Spaß einer perfekten Besetzung und einer wiedergefundenen Spannung zu verderben«.

(Bernard Bénoliel, La Revue du Cinéma No. 460/Mai 1990)

»Es gibt keinen sauberen Polizisten mehr in diesem ungemein spannenden und dichten Polizeifilm, dessen Lakonie und Sarkasmus manche Ungereimtheit des Drehbuchs vergessen lassen, der aber vor allem durch seine atmosphärisch stimmige und dicht an den Figuren bleibende Inszenierung besticht«.

(Fischer Film Almanach 1991)

»Während *Internal Affairs*, bis in die Nebenrollen hervorragend besetzt und grandios gespielt, vom zunehmend gewalttätigen Kräftemessen zweier Männer erzählt, die eher zufällig Polizisten sind...«

(Andreas Obst, Frankfurter Allgemeine Zeitung, 11.5.1990)

PRETTY WOMAN
(Pretty Woman)
USA 1989. *Regie*: Garry Marshall. *Drehbuch*: J.F. Lawton. *Kamera*: Charles Munsky (Farbe). *Schnitt*: Priscilla Nedd, Raja Gosnell. *Musik*: James Newton Howard. *Darsteller*: RICHARD GERE (Edward Lewis), Julia Roberts (Vivian Ward), Ralph Bellamy (James Morse), Laura San Giacomo (Kit de Luca), Hector Elizondo (Hotelmanager), Jason Alexander (Philip Stuckey), Alex Hyde-White (David Morse), Amy Yasbeck (Elizabeth Stukkey), Elinor Donahue (Bridget), Patrick Richwood (Dennis, Fahrstuhlführer).
Produzenten: Arnon Milchan, Steven Reuther für Touchstone Pictures, Silver Screen Partners IV.
Farbe. 119 Minuten. DE: 5.7.1990

Edward Lewis ist ein skrupelloser und erfolgreicher Firmenspekulant. Auf dem Hollywood Boulevard lernt er eines Nachts die Prostituierte Vivian kennen und engagiert sie für eine Woche. Ohne es sich einzugestehen, verlieben sich beide ineinander. Edward macht aus Vivian eine liebenswerte Dame und Vivian fördert in Edward die Menschlichkeit zutage. Ein altmodisches, kitschiges Märchen in modernem Gewand, das weltweit ein Riesenerfolg wurde und Julia Roberts zum Superstar machte. Richard Gere gefällt durch seine vornehme Zurückhaltung. Eine Fortsetzung ist für 1994 in Planung. Wohl nur eine Frage der Gagenhöhe.

»Richard Gere, exzellent und besonders verführerisch in der Rolle eines modernen, charmanten Prinzen, hier beschrieben als eine Art Bernard Tapie, der die Kultur und die Sitten der Reichen aufweist«. (Laurent Bachet, Premiere, No. 165/Dec. 1990)

»Eine bezaubernde Liebesgeschichte ohne Spezialeffekte, ohne Action, ohne Zig-Millionen-Etat, wurde zum größten Kinoerfolg des Jahres«. (Fischer Film Almanach 1991)

»Man braucht keinen Lehrgang in Haltung und guten Manieren, es reicht, sich in die erfahrenen Hände des Pygmalions Richard Gere zu begeben, um sich auf wundersame Weise in eine Frau von Welt zu verwandeln... Gut verpackt, ohne Überraschungen, schnell konsumiert und verdaut, wurde diese romantische Ko-

›Pretty Woman‹

mödie ein riesiger Überraschungserfolg in den USA. Die Entdeckung des Films, Julia Roberts (...), benötigt nichts, um die zurückhaltende und elegante Interpretation Richard Geres auszustechen. Nach den trüben Wassern von *Internal Affairs* gleitet der Schauspieler mit Vergnügen in eine leichte, entspannte und natürlich charmante Rolle«.

(Danièle Parra, La Revue du Cinéma,
No. 466/Decembre 1990)

»Richard Geres zurückhaltende Darstellung des Edward tendiert sowohl dazu, schauspielerische Mätzchen abzuschütteln, wie auch die Annehmlichkeiten der Rolle zu übersehen, irgendwo

hin- und herschwankend zwischen einer Parodie und einer beinahe pathologischen Passivität«.

(Verina Glassner, Monthly Film Bulletin, No 675/May 1990)

»Leicht, charmant und durch und durch unterhaltsam«.

(Leonard Maltin)

»Die kommerzielle Aufbereitung der richtigen Mischung attraktiver Stars und Milieus, einer Handlungsführung, die (...) alle Altersgruppen anspricht, effektvoller Musik, Komik und Melodram verspricht diesmal wieder einen sicheren Erfolg an der Kinokasse. Ein Beispiel dafür, daß das geschäftliche Konzept auch noch (oder gerade) mit einem Mindestmaß an künstlerischer Inspiration funktioniert, ist der Schluß des Films, der das befürchtete Happy-End in eine Kino-Illusion par excellence verwandelt«.

(Franz Everschor, film-dienst Nr. 28342, Heft 12/13.6.1990)

»Die Schauspieler, allen voran die reizende Julia Roberts und der ewig schmucke Richard Gere, sind verliebt in ihre Rollen, und spätestens am Ende des Films sind auch die Figuren, die sie verkörpern, rettungslos ineinander verliebt«.

(Andreas Obst, Frankfurter Allgemeine Zeitung, 9.7.1990)

LUNG TA – LES CAVALIERS DU VENT / THE FORGOTTEN TIBET

Frankreich 1990. *Regie und Produzenten*: Marie Jaoul de Poncheville, Franz-Christoph Giercke. *Drehbuch*: Pierre Joffroy, Andrew Harvey. *Kamera*: Nurith Aviv. *Schnitt*: Andrée Davanture. *Musik*: Mireille Helpfer, Philippe Sarde.
Produktion: F. Productions, Film Pool, Lung Ta Production, Canal +
Farbe. 87 Minuten.

Richard Gere spricht den englischen Kommentartext dieses Dokumentarfilms über Tibet. Als Vorsitzender des Tibet House in New York und Freund des Dalai Lama liegen ihm die politischen wie geistigen Anliegen und das Bewahren der tibetanischen Kultur besonders am Herzen. Der französische Originaltext wird von Isabelle Adjani rezitiert.

»Dieser Film ist ein Dokument über das vergessene Tibet: im alten Tibet bedeckten die drei Provinzen Amdo, Kham und U-Tang gemeinsam eine größere Fläche als die Europas. Dieses Tibet existiert nicht mehr. Amdo und Kham wurden annektiert und gehören heute zu fünf verschiedenen, chinesischen Provinzen. Das Land des Schnees ist nur noch die Hälfte seiner selbst, eine Hälfte, die autonom genannt wird, dennoch aber militarisiert und kolonialisiert ist. Im Herzen von sechs Millionen Tibetanern und hunderttausenden im Exil, von Melbourne bis New York, von Dharamsala bis Zürich aber herrscht ein einziger Traum: Wiedervereinigung, Selbstbestimmung. Dieser Traum ist Teil dieses Films«. (Pressetext des Films)

RHAPSODIE IM AUGUST
(Hachigatsu no Rapusodi)
Japan 1990/91. *Regie und Drehbuch*: Akira Kurosawa, nach dem Roman »Nabe-No-Naka« von Kiyoko Murata. *Kamera*: Takeji Sano, Takao Saito, Shoji Ueda. *Musik*: Shinichiro Ikebe. *Darsteller*: Sachiko Murase (Kane, die Großmutter), RICHARD GERE (Clark, Kanes Neffe), Hisashi Igawa (Tadao, Kanes Sohn), Narumi Kayashima (Machiko, Tadaos Frau), Tomoko Ohtakara (Tami, Tadaos Tochter), Mitsunori Isaki (Shinjiro, Tadaos Sohn), Toshie Negishi (Yoshie, Kanes Tochter), Choichiro Kawarasaki (Noburu, Yoshies Ehemann), Hidetaka Yoshioka (Tateo, Yoshies Sohn), Mie Suzuki (Minako, Yoshies Tochter).
Produzent: Hisao Kurosawa für Kurosawa Production
Farbe. 97 Minuten. DE: 14.11.1991

45 Jahre nach Abwurf der Atombomben auf Hiroshima und Nagasaki: Großmutter Kane, die mit ihren Enkeln zusammen den Sommer auf dem Lande verbringt, soll ihren Kindern nach Hawaii folgen, wo ihr Bruder im Sterben liegt. Kane lehnt ab, weil der Bruder für sie eine vergessene Vergangenheit darstellt, während der Abwurf der Atombomben und der bevorstehende 45. Jahrestag ihre Erinnerung bis heute beherrscht. Clark, der Sohn ihres Bruders, kommt nach Japan, um sie zum Besuch zu bewegen. Durch sie erst erfährt er vom Schrecken der Atombombe und lernt verstehen. Das von dem Amerikaner Richard Gere im Film gesprochene »I am so sorry« brachte Kurosawas Film in den USA wütende Proteste ein.

»Gere, in einer hochgelobten Nebenrolle, wirkt nicht sehr fehl am Platze als ein japanisch-amerikanisches Mitglied des zahlreichen Clans der alten Frau. Dem Regisseur gelingen ein paar erwähnenswerte Bilder, aber der gesprächige Film erholt sich nie ganz von seinem nahezu statischen Beginn«. (Leonard Maltin)

»Richard Gere gibt die fabelhafte Kreuzung aus Western- und Comic-Held mit angemessen hölzerner Würde und recht passablem Drehbuch-Japanisch«.
(Uwe Schmitt, Frankfurter Allgemeine Zeitung, 8.4.1991)

»Beeindruckend sind einzig Richard Gere, der für seine Rolle eigens Japanisch gelernt hat, und vor allem die intensive Sachiko Murase in der Rolle der Großmutter«.
(Fischer Film Almanach 1992)

›Rhapsodie im August‹

»Warum berührt Kurosawas Film dennoch so wenig? Der Regisseur, der uns vor vierzig Jahren in *Rashomon* so mitreißend zeigte, daß es nicht nur eine Wahrheit gibt, hat hier einen eindimensionalen Lehrfilm gedreht. (...) Kurosawa sagt uns, daß der Krieg schlecht ist und die Atombombe erst recht. Das aber so didaktisch und hölzern vermittelt, daß es einen kaltläßt«.
(Joachim Kürten, Kölner Stadtanzeiger, 16./17.11.1991)

»Richard Gere, der für die Rolle mehr als nur ein paar Brocken Japanisch gelernt hat, spielt ihn als den liebenswerten Amerikaner schlechthin. Eines Abends, auf einer Bank im Mondschein, entschuldigt er sich bei Kane für das Leid, das die Bombe über ihre Familie gebracht hat. (...) Doch das Bild des jungen Mannes und der alten Frau, die mit hilflosen Worten versuchen, die Kluft, die die Geschichte in der eigenen Familie aufgerissen hat, zu schließen, ist völlig unpolitisch«.
(Verena Lueken, Frankfurter Allgemeine Zeitung, 18.11.1991)

EISKALTE LEIDENSCHAFT
(Final Analysis)
USA 1991. *Regie*: Phil Joanou. *Drehbuch*: Wesley Strick. *Kamera*: Jordan Cronenweth. *Schnitt*: Thom Noble. *Musik*: George Fenton. *Darsteller*: RICHARD GERE (Isaac Barr), Kim Basinger (Heather Evans), Uma Thurman (Diana Baylor), Eric Roberts (Jimmy Evans), Paul Guilfoyle (Mike O'Brian), Keith David (Detective Huggins), Robert Harper (Alan Lowenthal).
Produzenten: Charles Roven, Paul Junger Witt, Anthony Thomas
Ausführende Produzenten: RICHARD GERE, Maggie Wilde.
Farbe. 125 Minuten. DE: 16.4.1992

Isaac Barr ist Psychiater und Gerichtsgutachter und gerät, weil er sich mit der Schwester einer Klientin auf ein Verhältnis einläßt, in ein gefährliches Komplott. Heather hat ihren Mann erschlagen und Isaac gelingt es, sie für unzurechnungsfähig zu erklären. Dann aber realisiert er, nur eine Figur in ihrem raffinierten Spiel und selbst ihr nächstes, mögliches Opfer zu sein. Er kehrt den Spieß um und stellt Heather eine Falle. Der an Hitchcock erinnernde Psycho-Thriller brachte zum zweiten Mal Richard Gere und Kim Basinger als Liebespar auf der Leinwand zusammen, auf der die Erotik förmlich Funken schlägt.

»Das hindert uns nicht, von jenem wunderbaren Thriller zu träumen, den John Boorman gedreht hätte, wenn nicht Richard Gere, ausführender Prouzent des Films, ihn nicht beiseite geschoben hätte, erschreckt von der Poesie und der Originalität seiner Ideen«. (Ph.R., Positif, No. 376–376/Mai 1992)

»Basinger ist überraschend gut, Gere peinlich unberührt, aber das größte Problem des Films ist sein mittlerer Teil, der beinahe das bravouröse Finale zerstört«. (Leonard Maltin)

»*Final Analysis* ist leider aber einer jener mysteriös aufgeblähten Geschichten, bei der der Zuschauer viel zu früh ahnt, daß hier etwas nicht stimmt, und die deshalb nicht mehr überraschen, wenn sich schließlich Personen und Ereignisse als etwas völlig anderes entpuppen, als man zu Beginn anzunehmen verleitet wird. (…).
Daß der Film nicht funktioniert, wie er funktionieren soll, liegt nicht nur an der an Vorbildern orientierten Konzeption, sondern auch an der geringen Spannkraft, die von seinen Darstellern ausgeht. Weder Gere noch Basinger bringen Funken zum Sprühen; ihre Liebesbeziehung ist so kalt und banal, daß man sich kaum darüber zu erregen vermag, als sie durch den Gang der Ereignisse gestört wird«. (Franz Everschor, film-dienst 7/1992)

»Und vermutlich gehen viele Amerikaner nur zum Analytiker, weil sie gehört haben, daß man sich mitunter schnell in ihn (oder sie) verliebt, zumal wenn er aussieht wie Richard Gere. Graue Schläfen, verständnisvoller Blick, eleganter Anzug – der *pretty man* spielt den Analytiker mit dem Timbre eines gepflegten Herrenausstatters, der das Über-Ich vermutlich für eine Sondergröße hält. (…) Wie Gere sich im weiteren aus seinen therapeutischen und sonstigen Kalamitäten herauszuwinden versucht, das ist so wirr wie die sturmzerzauste Mähne der Basinger«.

(Peter Körte, epd Film)

SOMMERSBY
(Sommersby)
USA 1992. *Regie*: Jon Amiel. *Drehbuch*: Nicholas Meyer, Sarah Kernochan, nach dem Film »Le retour du Martin Guerre« (Die Wiederkehr des Martin Guerre) von Daniel Vigne und dem Drehbuch von Daniel Vigne und Jean-Claude Carrière. *Kamera*: Phi-

lippe Rousselot. *Schnitt*: Peter Boyle. *Musik*: Danny Elfman. *Production Design*: Bruno Rubeo. *Kostüme*: Marilyn Vance-Straker. *Darsteller*: RICHARD GERE (Jack Sommersby), Jodie Foster (Laurel Sommersby), Bill Pullman (Orin Meecham), James Earl Jones (Richter Isaacs)
Produzenten: Arnon Milchan, Steven Reuther für Le Studio Canal +, Regency Enterprises, Alcor Films
Ausführende Produzenten: RICHARD GERE, Maggie Wilde
Farbe. 112 Minuten. UA: 5.2. 1993. DE: 18.3.1993

Als Jack Sommersby nach Ende des amerikanischen Sezessionskrieges zu Frau und Kind zurückkehrt, stößt er auf Mißtrauen. Laurel Sommersby hatte sich bereits mit seinem Tod abgefunden, ist aber positiv überrascht, wie verwandelt Jack wirkt. Früher brutal und lieblos, entpuppt er sich jetzt als sensibler, liebevoller Mann. Laurel verliebt sich in Jack, obgleich sie ahnt, daß dieser nicht der ist, der er vorgibt zu sein. Der eifersüchtige Orin treibt Zeugen auf, die Sommersby des Mordes beschuldigen. Um seinen Kopf zu retten, sagt Laurel aus, daß Jack in Wahrheit nicht ihr Mann sei. Der aber weigert sich, eine andere Identität als die Sommersbys anzunehmen, auch wenn ihm dies den Kopf kostet. Als Laurel seine Motive erkennt, willigt sie ein, auch wenn sie dadurch erneut einen Mann verliert. Der Film von Daniel Vigne zählte zu den wenigen auf dem US-Markt erfolgreichen europäischen Filmen, was ihn für ein Remake offenbar interessant machte. »Sommersby« gilt schon jetzt als einer der großen Liebesfilme Hollywoods.

»Richard Gere ist als fescher Farmer mit federndem Gang und wiegenden Hüften zwar eine Spur zu elegant. Aber im Zusammenspiel mit der glänzenden Jodie Foster (...) entsteht daraus ein Love Story, die zum Mitfiebern einlädt. Zumal *Sommersby* dank des Verzichts auf alles Formelhafte bis hin zum ungewöhnlichen Ende mit inhaltlicher Tiefe aufwarten kann. Richard Gere und Jodie Foster haben Chancen, zum Hollywood-Traumpaar aufzusteigen.«

(Dorothée Lackner, Filmecho/Filmwoche 9/5.3.1993)

»So gut (der Film) ist, ohne die persönliche Chemie zwischen Foster und Gere wäre *Sommersby* nur eine zufriedenstellende Erfahrung. Foster ist als Schauspielerin so unwiderstehlich wie

nur irgendwie. (...) Aber Gere, dessen Produktionsfirma den Film entwickelte, ist sehr nahe daran, den Film zu stehlen. Es ist seine beste Darstellung seit *Internal Affairs* und seine sympathischste seit *An Officer and a Gentleman*.«
(Richard Natale, Variety 1.2.1993)

»Kostümfilm, Krimi, Liebesgeschichte, Melodram – *Sommersby* wird den Anforderungen jedes einzelnen dieser Genres auf geradezu beispielhafte Weise gerecht, wobei Amiel mit Jodie Foster und Richard Gere freilich zwei ungewöhnliche, charismatische Hauptdarsteller zur Verfügung standen.«
(Robert Fischer, epd Film 3/1993)

»Richard Gere, der sicher nicht schlecht ist, aber in zeitgenössischen Partien glaubwürdiger besetzt erscheint, wirkt sogleich überzeugend, wenn er mit seiner Partnerin im Bild ist.«
(Franz Everschor, film-dienst 6/16.3.1993)

»So ist aus *Sommersby* einerseits eine bewegende Liebesgeschichte geworden, in der sowohl Jodie Foster als auch Richard Gere in ihren Rollen gleichermaßen unangreifbar autonom und verspielt hingebungsvoll erscheinen und damit die emphatische Vision einer Liebe verkörpern, die das historische und sexuelle Machtgefüge transzendiert.«
(Verena Lueken, Frankfurter Allgemeine Zeitung, 19.3.93)

»Jodie Foster und Richard Gere spielen jenes Paar, das alle Fragen verdrängt hat, mit einer verhaltenen Intensität, die erst in der Schlußszene tragisch explodieren kann. Ein wunderschönes existentialphilosophisches Melo – über das wahre Leben im falschen und über die Beziehungen zwischen Person und Maske.«
(Brigitte Desalm, Kölner Stadtanzeiger, 20./21.3.1993)

»Im Hollywood-Remake (...) glänzt Jodie Foster als unergründliche, das Spiel ihres selbsternannten Gatten durchschauende und doch leidenschaftlich liebende Frau, während Richard Gere an ihrer Seite eine Spur zu brav und glatt wirkt.«
(Der Spiegel, 11./15.3.1993)

MR. JONES (in Vorbereitung)
USA 1993. *Regie*: Mike Figgis. *Darsteller*: Richard Gere (Mr. Jones), Lena Olin
Ausführender Produzent: Richard Gere

Gere spielt die Titelrolle des Mr. Jones, eines manisch Depressiven, den die Psychiaterin Lena Olin mit Lithium ruhigstellen will. Eine Reise in die Tiefen der menschlichen Psyche, und in dieser Hinsicht eine Weiterführung der Figur des Dennis Peck aus Figgis' »Internal Affairs«.

AND THE BAND PLAYED ON
Regie: Roger Spottiswoode. *Darsteller*: RICHARD GERE, Anjelica Huston, Steve Martin

Eine Produktion für den Fernsehsender HBO über die frühen Jahre der AIDS-Epidemie, für die sich Gere persönlich sehr einsetzte und für die er die Mitwirkung anderer Stars gewinnen konnte. 1992 erschien er auf der »Oscar«-Verleihung mit einem Anstecker am Smoking, der von seinem Engagement zeugte und das Mißfallen vieler in Hollywood erregte.

INTERSECTION (in Vorbereitung)
USA 1993. *Regie*: Mark Rydell, nach dem Film »Les choses de la vie« (Die Dinge des Lebens). *Darsteller*: RICHARD GERE
Produktion: Paramount

Eine weitere Neuverfilmung eines französischen Erfolgsfilms: »Les choses de la vie« (Die Dinge des Lebens) von Claude Sautet aus dem Jahre 1969 mit Romy Schneider und Michel Piccoli, dessen Rolle Richard Gere spielen wird.

Bibliographie

Richard Cannavo. Richard Gere. L'étoffe d'un héros. In: Première, No. 165, Dec. 1990

Jean-Paul Chaillet. Racines. In: Première, No. 134/Mai 1988

Jonathan Cott. A Conversation With Richard Gere. In: Rolling Stone, April 25, 1985

Judith Davis. Richard Gere. An Unauthorized Biography. New York 1983

Adolf Heinzlmeier. Richard Gere. Rastatt 1991

Lothar Just (Hg.). Film-Jahrbuch. München, verschiedene Jahre

Andrew Kopkind. C'est le Gere. In: Premiere (USA), March 1993

Leonard Maltin (Hg.). Leonard Maltin's Movie and Video Guide 1993, New York 1992

Hélène Merrick (2). Entretien avec Mike Figgis. In: La Revue du Cinéma, No. 460, Mai 1990

Hélène Merrick. Richard Gere. Derrière le miroir. In: La Revue du Cinéma, No.461, Juin 1991

Horst Schäfer, Walter Schobert (Hg.). Fischer Film Almanach. Frankfurt/Main, verschiedene Jahre

Bernd Schulz. Richard Gere. Ein Gigolo und Gentleman. Bergisch Gladbach 1991

Kevin Sessums. High Gere. In: Vanity Fair, May 1990

Gloria Steinem. Why Richard Gere? In: Ms., Feb. 1986

Harold Von Kursk. Back in Gere. In: FHM – For Him Magazine, Sept. 1992

Register

Adams, Brooke 32, 34
Adjani, Isabella 156
Aiello, Danny 46
Alexander, Jason 146
Allen, Woody 18, 39
Almeida, Joaquim de 101
Amiel, Jon 172, 176
And The Band Played On 10, **221**
Anderson, Kevin 132f
Atemlos (Breathless) 88f, 91, 95f, 100, 108, **191ff**
Atherton, William 40, 130
Auf der Suche nach Mr. Goodbar (Looking for Mr. Goodbar) 39f, 44, **184f**
Außer Atem (A Bout de Souffle) 88, 91

Baby Blue Marine 27f, **182**
Badlands 32
Baldwin, William 140
Barr, Jean-Marc 117
Basic Instinct 97
Basinger, Kim 126–129, 163f, 166, 169

Baye, Nathalie 170
Belmondo, Jean-Paul 88, 92
Berenger, Tom 44
Beresford, Bruce 113
Blakely, Donald 29
Bloody Sunday 52
Blount, Lisa 76
Blue Lagoon 74
Bogart, Humphrey 88, 92
Bostwick, Barry 20f
Brando, Marlon 8, 52
Bronson, James 130
Brooks, Richard 39, 45

Caan, James 22
Cage, Nicolas 110
Caine, Michael 100f, 104ff
Carr, Patti 61
Carrillo, Elpidia 101, 104, 106
Chinatown 108
Christie, Julie 118ff, 122f
Cooper, Gary 52, 54

Coppola, Francis Ford 14, 86, 106, 108f, 111f, 157
Cotton Club (The Cotton Club) 14, 106, 109f, 112, **195–198**
Crawford, Cindy 19, 136f
Crime Story 131

Dalai Lama 10, 69, 71, 126
Dallessandro, Joe 110
David Holzman's Diary 89
David, Keith 163
Davies, Brian 63
De Niro, Robert 18, 52, 88, 90, 138
Dean, James 8
DeBell, Kristine 46
Dennehy, Brian 132
Depardieu, Gérard 170
Depardon, Raymond 68
Devane, William 53ff, 59
D.H.P. (TV-Serie) 27
Die Hard 138
Douglas, Michael 138
Dreams 160
Duke, Bill 63, 65
Dunlop, Frank 20, 23

Eichhorn, Lisa 53, 57
Eilbacher, Lis 81
Ein Mann für gewisse Stunden (American Gigolo) 8f, 24f, 60f, 67f, 72f, 84, 124, 143, 177, **188f**
Ein Offizier und Gentleman (An Officer and a Gentleman) 73–76, 78, 83f, 108, 113, 124, **190f**
Der Einsame Job (Report to the Commissioner) 24, 27, 29, **179**
Eiskalte Leidenschaft (Final Analysis) 128, 162f, 166, 169, **217f**
Elizondo, Hector 64, 150
Englund, Robert 46f

Fassbinder, Rainer Werner 20, 86, 98
Figgis, Mike 10, 142, 144
Flynn, Errol 110
Foster, Jodie 15, 169, 172–178

Garcia, Andy 140
Garfield, John 24, 131, 144
Gefährliche Leidenschaft (Gun Crazy) 91
Gere, Doris (Mutter) 13
Gere, Homer (Vater) 13
Gielgud, John 26
Gnadenlos (No Mercy) 126f, 130f, 164, **204ff**
Godard, Jean-Luc 88ff, 92, 95f
Goldoni, Lelia 48
Gorman, Cliff 29
Gossett, Louis jr. 76, 81
Grant, Cary 146, 155
Greenwood, Robert 20
Grey, Joel 22
Guinness, Alec 26

Hackford, Taylor 74f, 78f, 87
Hackman, Gene 118, 120, 123
Hancock, John 27
Handman, Wynn 22
Harper, Richard 163
Heißes Blut (Bloodbrothers) 45–49, 51f, 130, **185f**
Hendrix, Jimi 18
Henner, Marilu 50f
Hershewe, Michael 48
Herzog, Werner 20, 86
Heston, Charlton 115
Hines, Gregory 111
Hitchcock, Alfred 98, 163, 169
Hoffman, Dustin 52
Holocaust 27
Der Honorarkonsul (The Honorary Consul/Beyond the Limit) 99ff, 106f, **194f**
Hoskins, Bob 101, 104ff, 110
Hunt, Helen 132
Huston, Anjelica 10
Hutton, Lauren 7f, 63, 67

Im Vorhof der Hölle (State of Grace) 162
In Cold Blood 39
In der Glut des Südens/Tage des Himmels (Days of Heaven) 25, 32f, 38, 135, **182ff**
Internal Affairs – Trau ihm, er ist ein Cop (Internal Affairs) 9f, 137ff, 142ff, **208ff**
Intersection **221**

Jagger, Bianca 21
Joanou, Phil 162
Julia und ihre Liebhaber (Tune in Tomorrow) 172

Kap der Angst (Cape Fear) 169
Kaprisky, Valérie 91, 93f
Keaton, Diane 39, 43f
Keitel, Harvey 18
Keith, David 75f
König David (King David) 10f, 113, 117f, 130, 143, **199–202**
Klatt, Jack 116
Kojak (TV-Serie) 21, 27
Krabbe, Jeroen 128
Krige, Alice 117
Kurosawa, Akira 156f, 159f

Lamb, Judy 22, 27, 39
Lane, Diane 110f
Lewis, Joseph H. 91
Liebe, Rache, Cappuccino (Queen of the Hearts) 172
Limato, Ed 27, 87
LoBianco, Tony 46ff
Loggia, Robert 76
Love Story 108
Lumet, Sidney 119, 122
Lung Ta – Les Cavaliers du Vent/The Forgotten Tibet 156, **214f**

Mackenzie, John 99, 106
Madonna 13, 94
Malick, Terrence 32, 36, 38, 135
Malkovitch, John 134
Manz, Linda 34
Marathon Man 52
Marshall, E.G. 26, 120
Marshall, Garry 146, 149, 154f
Martin, Steve 10
Martins, Sylvia 72, 137
Mature, Victor 115
McKee, Lonette 111
McMillan, Kenneth 46
Mean Streets 52
Metcalf, Laurie 134, 140
Miami Vice 90
Midnight Cowboy 52
Midnight Express 45
Miles From Home 39, 131ff, **206ff**
Milford, Penelope 20, 68
Miller, Penelope Ann 132
Moment by Moment 61
Morgan, Wendy 55
Moriarty, Michael 27, 29
Morrison, Jim 18
Mr. Jones 178, **221**
Mulligan, Robert 46, 48, 50ff
Murase, Sachiko 156, 160

Network 122
Die 39 Stufen (The Thirty-Nine-Steps) 98
Nicholson, Jack 138
Nightmare on Elm Street 46

Olivier, Laurence 26

Pacino, Al 52, 90
Papp, Joseph 22
Pearce, Richard 126, 128, 131
Power – Der Weg zur Macht (Power) 10, 119, 122f, 125, **202ff**
Pretty Woman 64, 120, 137, 144ff, 150, 153ff, 171, 176, **211–214**
Pullman, Bill 172

Quadrophenia 90
Quilley, Denis 114

Redgrave, Vanessa 53f, 59
Remar, James 110
Reporters 68, **188f**
Rhapsodie im August (Hachigatsu no Rapusodi) 156–160, **215ff**
Roberts, Eric 163
Roberts, Janet 18
Roberts, Julia 145f, 148, 154, 163, 169
Roberts, Michael 21
Roberts, Rachel 24, 53
Roberts, William 16

Roddam, Franc 90
Rodriguez, Agustin 163
Rosemary's Baby 108
Rourke, Mickey 13

Sarandon, Susan 9
Saturday Night Fever 32, 56, 60
Schlesinger, John 52, 54, 56, 58f
Schneider, Roy 26
Schrader, Paul 60ff, 64
Schwarzenegger, Arnold 130
Sciorra, Annabella 142
Scorsese, Martin 18, 52, 60, 86, 169
Sears, Ian 114
Seberg, Jean 88
Serpico 122
Shear, Barry 28, 31
Shepard, Sam 34
Simmons, Jean 26
Sinise, Gary 131, 135
Sommersby 6, 15, 37, 169ff, 175f, 178, **218ff**
Sorvino, Paul 46f
Spielberg, Steven 156f
Stormy Monday 142
Strike Force 28, 31, **179–182**
Sunday 52

Taxi Driver 60
Taylor, Elizabeth 98
Thompson, Derek 54
Thurman, Uma 162f
Travis, Nancy 140
Travolta, John 32, 52, 56, 60ff, 84, 90,
Truffaut, François 90

Urban Cowboy 84

Valentino, Rudolfo 110
Van Pallandt, Nina 62
Vannera, Chick 55

Wall Street 138
Walsh, J.T. 120
Washington, Denzel 121
Weaver, Fritz 120
Weld, Tuesday 40
Wenders, Wim 86
Die Wiederkehr des Martin Guerre (Le Retour du Martin Guerre) 170
Wilde, Maggie 162
Wilke, Robert 34
Willis, Bruce 138
Winger, Debra 74, 76, 79f, 84, 128
Woodward, Edward 114

Yanks – Gestern waren wir noch Fremde
Yanks 52f, 55f, 58f, **186f**

Zeffirelli, Franco 26